A FAMILY GENOGRAM WORKBOOK
家族理解のための
ジェノグラム・ワークブック

私と家族を知る最良のツールを学ぶ

イスラエル・ガリンド／エレイン・ブーマー／ドン・レーガン　著
Israel Galindo, Elaine Boomer, Don Reagan

柴田　健　監訳／大沼吹雪　訳
Shibata Ken, Onuma Fubuki

遠見書房

A FAMILY GENOGRAM WORKBOOK

by

Israel Galindo, Elaine Boomer, Don Reagan

Copyright @ 2006, 2016, Israel Galindo, Elaine Boomer, Don Reagan

Japanese translation published by arrangement with Israel Galindo
through The English Agency (Japan) Ltd.

この本を手にした，あなたへ

　あなたは，家族をもっと理解したいと思いませんか？　家族の行動や人間関係のパターンの裏で何が起こっているのかを理解するとともに，家族がどのようにあなたという人間を形作ってきたのか知りたいと思いませんか？

　このワークブックは，あなたの家族を理解するための，そして，家族がどのようにしてあなたを形作ってきたかを理解するための，使いやすく，かつ，強力なガイドブックです。また，そのために必要なジェノグラムをどのようにして作成をしていけばいいのか，ステップ・バイ・ステップで学ぶことができます。ジェノグラムとは，一種の模式図で，家族のダイナミクスや関係性を解釈するためのツールです。

　このワークブックにあるさまざまな実習や活動を行えば，あなたの家族について，そして家族の中の自分の立ち位置と役割について理解できるようになるでしょう。

監訳のことば

　本書は，*A Family Genogram Workbook* の全訳です。この本はとても薄い（なんと 63 ページ！）パンフレットのような本ですが，ジェノグラムに関する情報が豊富で，初めて学ぶ人にとっては最適な一冊です。私自身，この本に出会えたことをとても嬉しく思っています。

　私がジェノグラムの魅力を知ったのは，児童相談所に勤務していた頃でした。当時，『ジェノグラムのはなし』（マクゴールドリックほか著，石川元・渋沢田鶴子訳，東京書籍）という本を見つけ，夢中になって読んだ記憶があります。丸や三角を線でつないでいるだけのジェノグラムが，家族の歴史や現状を表すさまざまな情報に溢れていることに驚きました。当時個人のアセスメントしか知らなかった私はこのような世界があるのかと感嘆したものです。そして，自分もこのようなジェノグラムを作り，臨床で活かしてみたいという思いから，ジェノグラムを扱ったワークショップや研修会に参加するようになりました。徹底的にジェノグラム・インタビューを行ったり，提示されたジェノグラムからどのように面接を展開するかロールプレイを交えて考えたり，ワークによっては自分がクライエント家族のロールプレイをすることもありました。こうした経験を通じて，ジェノグラムが教えてくれる豊かな世界にさらに魅了されていきました。その後もジェノグラムに関する文献を読み，臨床の中でジェノグラムを作り読み解くことを繰り返すうちに，ほんの少しですが支援の技術も向上したと感じています。

監訳のことば

　何年か前から，児童虐待対応の法定研修を依頼されるようになりましたが，その中では必ずジェノグラムに関する講義と演習を行うようにしています。支援を必要とする当事者やその家族を理解するためにジェノグラムを作り読み解くことは，児童福祉の支援者にとって必須であると考えてのことです。

　本書の訳者である大沼吹雪さんは，私が講師を務めたジェノグラムに関する研修に参加され，関心を持ったとのことでした。大沼さんから本書の監訳を依頼されたとき，この研修を続け，ジェノグラムを作り読み解く重要性を伝えてきて良かったと感じました。

　この本は自身の家族のジェノグラムを作り上げることを目標としていますが，それにとどまらず，書き方だけでなく読み方や支援者が目を向けるポイントまで詳しく説明されています。ジェノグラムに関する本の一冊として本書の刊行に関われたことをとても光栄に思います。

　この本を通じて，多くの支援者がジェノグラムを活用できるようになることを願ってやみません。

柴田　健

目　次

この本を手にした，あなたへ･････････････････････ 3
監訳のことば･････････････････････････････････ 4

introduction
はじめに･･････････････････････････････････････ 11
ワークブックの使い方････････････････････････ 14

第1章
ジェノグラムの書き方････････････････････････ 16
ジェノグラムの基礎知識･････････････････････ 17
記号の一覧････････････････････････････････ 20
記載する情報･･････････････････････････････ 21
基本となる記号や線････････････････････････ 22
さあ，始めましょう！････････････････････････ 32

第2章
ジェノグラムを使った家族理解････････････････ 36
関係性のパターン･･････････････････････････ 37
三角関係･･････････････････････････････････ 41
多世代伝達パターン･･･････････････････････ 43
節目となる出来事･･････････････････････････ 45

目次

　　病気と機能障害……………………………… 47
　　出生順位と役割……………………………… 48
　　ジェンダー…………………………………… 48
　　恩恵と遺産…………………………………… 49
　　家族の秘密…………………………………… 50
　　信念や価値観に影響を与えるその他の家族情報…… 51

第3章
家族に尋ねるべき「20の質問」……………… 53

第4章
ジェノグラムを活かす………………………… 81

　　家族の情報を集める………………………… 82
　　連絡を取る…………………………………… 84
　　断絶された家族……………………………… 86
　　他の情報源の利用…………………………… 87
　　ジェノグラムワークの目的………………… 88
　　自己分化のためのステップ………………… 90
　　自己分化のためのヒント…………………… 92
　　妨害行為への対処…………………………… 94
　　コーチを利用する…………………………… 95
　　私たちの願い………………………………… 96

付録A
三角関係の7つの法則………………………… 97

付録B
家族のジェノグラムのタイムライン……………… 99

付録C
家族に尋ねるべき「20の質問」……………… 101

訳者あとがき……………………………… 106

執筆者・監訳者・訳者略歴　巻末

家族理解のための
ジェノグラム・ワークブック

introduction

はじめに

　このワークブックは，ジェノグラムの入門書です。ジェノグラムは，家族について，そして，家族の中での自分の立ち位置と役割を理解するための刺激的で楽しいツールです。このワークブックでは，ジェノグラムの作り方と読み解き方を学ぶことができます。また，それを学ぶ中で，家族システム論の基本的な原理も学べます。

　ジェノグラムは，家族を表した模式図です。ジェノグラムには，名前や生年月日，死亡年月日など，複数の世代に渡る家系図によく見られる情報が含まれています。その上，性格，職業，健康など，個人の重要な特性がわかるようにもなっています。しかし，ジェノグラムが家系図などと著しく異なる点は家族間の関係を表現していることです。家系図は，婚姻関係と子孫に関する基本的な情報しかありませんが，ジェノグラムでは特定の記号や線を使って，個人の感情的な関係や家族システムでの感情的な関係のパターンも描かれます。例えば，「結婚生活が幸せだったのか，問題があったのか」や「子どもが母親とは親密だが，父親とは距離を置いていた」といったことも，ジェノグラムであればわかります。また，これまでの家族の歴史や価値観によって多世代にわたり繰り返された家族の行動パターンの結果，あるいは危機によって生み出された不安の結果，家族関係がどのようになったかを示すこともできます。これこそがジェノグラムの真の力であり，家族や自分自身について，より深く理解できるように導いてくれます。

ジェノグラムを作ることは，他の家族をよりよく理解するのに役立ちます。しかし，最も重要な目的は，自分自身についての理解を深めることです。人生に一番大きな影響を与えるのは，自分を育てたあなたの家族です。家族は，私たちが意識していないところで私たちの行動パターンに影響を与え，これを形作らせています。しかし，こうした行動パターンが，実は世代から世代へと受け継がれていることに気づくことは滅多にありません。私たちは，社会の中でどのように行動し，どのような役割を果たすか，どのように人と付き合うかを家族から学びます。そして，友人，恋人，配偶者，親，労働者としてのあり方も学び，精神性，信仰，宗教への取り組み方，問題解決の方法，ポジティブ，あるいはネガティブな態度を取りやすいかなども身に付けます。生まれ育った家族は，言葉からマナーに至るまで，あらゆるものに影響を与えます。それは，人との関わり方が家族によって全く異なることからも明らかです。ほぼ会話がなくても対立しない家族がいる一方で，その近所に非常に騒々しく，挑発的な関係性の家族がいるかもしれません。人との関わり方のパターンが異なるこうした家族が出会えば，ひどく悪い関係にならないとしても，気まずい雰囲気になる可能性は高いでしょう。家族からのこうした影響は，どのような人間になるかを決定づけるものではありませんが，人生を生きるうえで必要なほぼすべてのものは，家族から受け取っています。そして，たいていの場合，こうした家族からの影響を受けて，無意識のうちに行動したり，反応しているのです。ジェノグラムを調べていけば，こうした影響の源泉を特定できるだけではなく，普段は無意識のうちに行っている行動パターンをはっきりと浮かび上がらせ，家族の機能の強みと弱みを明らかにできます。

はじめに

　こうしたことがわかれば，無意識に繰り返し選択していたネガティブな行動や思考，あるいは態度のパターンから抜け出して，自分の強みを活かした選択ができるようになります。また，月日を重ねるうちに，新しいポジティブな行動パターンや考え方を確立できるようになるかもしれません。私たちを形作ってきた家族の影響力を考えると，ある状況に対して今までと違う行動を選択することは非常に難しいものです。しかし，ある状況になると反応してしまって，いつもの行動パターンに陥ってしまうのではなく，いつもとは違う**行動を選択できる**ようになるなら，たとえそれがたまにしかできないとしても，家族に大きな心の安らぎをもたらすことでしょう。

　ジェノグラムは，家族が「互いに密接に影響し合う関係」であることを明確に教えてくれます。家族が「他の家族から独立して機能する個人の集団」ではなく，「互いに密接に影響し合う関係」であると認識することは，家族システム論の中核をなすものです。（家族システム論の概念は，職場のシステムや集会参加者など，家族と同じような機能を持つ他のシステムにも適用できます。）ジェノグラムの作成と分析を行えば，「ある家族の行動が，他の家族の行動にどのように影響しているか」をクリアに理解できるようになることでしょう。また，驚くことに，しばしばこの影響は，世代を超えてくり返されるものなのです。

　ジェノグラムをどのように描き，どのように解釈するかは，ジェノグラムを作成する人によって違ってきます。ジェノグラムは，「一つの家族に一つだけ」というものではありません。「テーマ」によって異なるジェノグラムを作成することも可能です。家族関係については，それぞれの家族で違った見方をすることができますし，実際，おそらく違った見方をするはずです。しかし，これは全く問題

がないことですし，あなたが自分のジェノグラムを作成したり，家族と共有したりすることをためらう必要もありません。ジェノグラムは，あなたに価値をもたらしてくれる，自分自身をより深く理解するためのツールです。

ワークブックの使い方

　このワークブックは，すぐにでもジェノグラムの作成が始められるように構成されています。第1章では，ジェノグラムで使う一般的な記号や線，作成するためのルールを紹介しています。第1章にあるワークシート（34頁）を使って，あなたのジェノグラムを作ってみましょう。すぐに始めるのが一番です。ジェノグラムを作成していくうちに，おそらく今まで気づかなかった家族のパターンや重要な出来事が見えてくることでしょう。ジェノグラムを作成する前に，第1章を最初から最後までしっかりと読んでください。

　残りの章では，ジェノグラムを使い，家族をより深く理解するための方法をご紹介します。第2章では，さまざまな家族の状況や関係性のパターンを理解するための基本的な解説をしています。そして，過去の世代のパターンが現在の世代に及ぼす力に触れ，さらに，性別と出生順位が家族の機能に及ぼす影響について特に注目をしています。第3章では，第2章で紹介した概念を，自分の状況に当てはめて考えるための質問を用意しています。これらの質問は，あなたのジェノグラムをより深く，詳細に理解する手助けをしてくれることでしょう。第4章では，第2章と第3章の基本知識を土台に，家族システム論の概念についてより詳しく説明しています。さらに，この章では，ジェノグラムの作成に必要な情報を収集する際に使うべきアイデアや戦略，家族への「インタビュー」テクニックを紹介

しています。なお，このワークブックで紹介された概念についてより深く学びたい方のために，この分野に関する良書や家族システム論の観点から書かれた本の参考文献リストも用意しています。

第1章

ジェノグラムの書き方

　ジェノグラムとは，少なくとも3世代にわたる家族の構成とその関係を図式化したものです。家系図や血統表によく似ていますが，単なる遺伝的情報の図ではありません。ジェノグラムには，家族の間にどのような関係が存在するかという情報が含まれています。さらに，ジェノグラムは家族の歴史における重要な出来事や節目となる出来事，家族全体に関する情報，特に家族のライフサイクルや「家族の感情プロセス」と呼ばれるものに関連した情報を描き出します。

>　＊　「家族の感情プロセス」とは，感情的なレベルで家族がどのように関係しあうかを示すものです。これは信念やパターン，不安，多世代の家族史，三角関係，ホメオスタシスなどで示されます。

　ジェノグラムは，あなたの家族がどのように機能しているかを理解するためのツールです。ジェノグラムを作成し，調べていくことは，自分がどのような家族のもとに生まれたのかを理解するのに役立ちます。そして，あなたの家族が「なぜ，そのように機能しているのか」や，その結果，あなたを含む家族の一人ひとりが「なぜ，そのような存在になったのか」を明らかにしてくれるでしょう。

　ジェノグラムは，普段は目に見えず，気づかれることのない家族の行動パターンを描き出すことができます。このような「家族のパターン」（家族同士の関わり方，病気，繰り返される行動）を発見

し，描き出すためには，まずは，少なくとも3世代が描かれたジェノグラムが必要です。世代数は多ければ多いほど良いのですが，少なくとも3世代が描かれているジェノグラムの作成をしてみましょう。

ジェノグラムの基礎知識

ジェノグラムでは，記号と線を使い，あなたと家族の基本的な関係を描きます。これらの記号や線は，この章の後半で説明します。

ジェノグラムは通常，1枚の紙に描きます。大きなポスター用の紙が適しています。本番の前に，1，2枚の下書きをしてみるとよいでしょう。記号を適切な場所に描けるようになるには，ある程度の練習が必要になります。前の世代は紙の上の方に，現在の世代は下の方に描きます。父方の家族が左側，母方の家族が右側に描くのが普通です。同じ世代は，同じ高さにそろえます。きょうだいの場合は，第一子を左側にし，右側に向かって順に若いきょうだいを描いていきます。出生，死亡，結婚，離婚の年月日も記入します。その他の記号は，個々の特徴や特性を表すために使用されます（ジェノグラムのサンプルは30頁を参照）。

> *　ジェノグラムを作成するコンピューターソフトウェアもあります。これらは，ジェノグラムのルールに沿っていて，関係性を表す線を書くこともできます。（訳注：以下は日本語サイト）
> GENOMAKER(S) (https://develop.dialogs.jp/geno/)
> ジェノグラム作成ツールソフト（ErawMax）(https://www.edrawsoft.com/jp/how-to-make-genogram.html)
> 「かんたんジェノグラム」(https://geno.wellbeing-one.jp/)

基本的な構成と個人に関する情報を記入し終えたら，次に家族間の関係を表す記号と線を描きます。これらの記号や線を使って，過剰な親密さ（絡み合い），感情的な距離，葛藤，三角関係，バランスを描きます。

　ジェノグラムは，以下の順序で作成してください。

1．自分自身

　まず，適切な記号を使って，ページの中央に自分自身を描きます。誰の視点でジェノグラムが描かれているのかを明確にするために，二重線を使った記号であなたのことを描きましょう。他の人の記号は一本線で描きます。名前，生年月日，出生地，年齢を記入してください。健康状態や教育レベル，職業を記入してもかまいません。

2．両親

　あなたの両親と，この世代の他のパートナーを適切な記号で描いてください。父親は左側に，母親は右側に描いてください。両親の名前，地位，年齢，生年月日を記入してください。また，現在の住んでいる所，出身地，健康状態，教育レベル，または職業，死亡している場合は死亡日と死因を記入してもよいでしょう（20頁参照）。

3．きょうだい

　きょうだいは，左から右に，最年長者から最年少者へと順に描きましょう。きょうだいの名前，年齢（または生年月日），死亡している場合は死亡年と死因を記入してください。婚姻状況や子どもたちは，あれば描いてください。家族にとって重要な事項なら，健康状態，住んでいる所，職業などの項目も記入してください（21頁参照）。

4．配偶者

　必要に応じて，配偶者や過去のパートナーも追加してください。現在の婚姻の状況を明記し，結婚，別居，離婚の日付を記入してください。さらに，配偶者やパートナーのそれぞれの氏名，年齢（または生年月日），死亡している場合は死亡年と死因を記入してください（20頁参照）。

5．子どもたち

　子どもを追加します。そして，子どもの名前，年齢（または生年月日），死亡している場合は死亡年と死因を記入します。必要であれば，健康状態，出生地や住んでいる所，職業など，その他の重要な情報も記入します（23頁参照）。

6．孫

　孫を追加し，子どもの場合と同様に記入します。

7．祖父母

　祖父母を追加し，関連するすべての情報を記入します。

8．その他の重要な人

　親戚関係のない方を含め，おじ，おば，いとこ，その他の親戚や家族にとって非常に重要な人をジェノグラムに加え，関連する情報も記入してください。

9．その他の記号

　人生における重要な問題を示す記号を追加します。例えば，薬物依存，精神疾患，肥満，身体疾患などの病歴がある場合，どの家族

が罹患したかを示す記号を追加することになります。色を使うなど，自由に工夫ができます。病歴は1色で表現し，虐待歴がある場合は別の色で表現します。

10. 関係性を表す線

　最後に，感情的な距離，絡み合い，虐待，親密さ，葛藤，断絶*などの，家族がお互いにどのように関係しているのかについて，関係性を表す線を使って示してください。重要な感情の三角関係が，家族システムの中で，どこにあったかを必ず記入してください（31頁参照）。

　　*　断絶，あるいは情動遮断とは，ある家族が別の家族との感情的な接触をすべて断とうとすることです。同じ家に住んでいる家族でも断絶はよくあることで，地理的に離れている必要はありません。

記号の一覧

基本的な記号

男性　　□

女性　　○

自分　　□　もしくは　○

死亡　　⊠　⊗　数字は死亡時の年齢

第1章 ジェノグラムの書き方

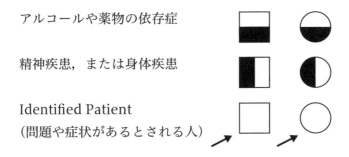

アルコールや薬物の依存症

精神疾患，または身体疾患

Identified Patient
（問題や症状があるとされる人）

記載する情報

以下は，ジェノグラムに記載したい情報です。ただし，基本的なものを除き，情報のすべてを1つのジェノグラムに記載する必要はありません。時には，他の特徴を強調したジェノグラムを別に作成したくなることもあるでしょう。適切かつ有用と思われる情報を追加してください。

1．名前，ニックネーム，家族の肩書。16タイプ性格診断（MBTI）^{訳注}やエニアグラムの番号を記入しても構いません。*

   訳注：16タイプ性格診断（MBTI）は，スイスの精神分析家カール・グスタフ・ユングのタイプ論をもとにアメリカで開発された性格検査です。この検査では，外向型-内向型，感覚的-直感的，論理型-感情型，判断型-知覚型の4つのタイプをかけあわせた16の性格傾向が示されます。
   * エニアグラムは，性格タイプ分類の理論です。これは，9つの基本的な性格タイプを描いています。エニアグラムは，セラピスト，小説家などに利用されており，家族の人格の相互作用を理解するのに役立つツールです。このテーマに関する書籍は，参考文献をご覧ください。

2．誕生日，死亡日，重病となった日，婚姻日，別居日，離婚日，その他の通過儀礼の日付。
3．住んでいる所，出生地，重要な転居の日付。
4．拡大家族の家族間の関係や交流の種類，または関係の強さと種類。
5．情動遮断が，どんな問題や出来事によって，いつ生じたのか。
6．民族，職業，社会経済的レベル，教育，そして信仰している宗教とそれへの参加状況。
7．三角関係（41頁参照），権力闘争，アルコールや薬物の問題，精神疾患，慢性疾患，IP（Identified Patient*：問題や症状があるとされる人），自殺，または健康上の問題。

* IP（Identified Patient：問題や症状があるとされる人）とは，家族の中で本当の問題から目をそらすために注目されている人物のことです。この人物は「スケープゴート」となり，トラブルメーカー，あるいは弱く依存的な人物と認識されることがあります。そしてIPは行動化や病気といった症状を表出します。

8．頻繁な入院や重大な入院，うつ病などといった，他の重要な健康上および性格上の特徴。

基本となる記号や線

　ジェノグラムを描くための標準的なルールを守ることが重要です。このルールをきちんと守ることで，一目で理解できるジェノグラムが作成できます。そうすることで，より速く内容を把握できることとなり，パターンを直感的に発見できるようになります。また，標準的なルールに従うことで，ジェノグラムをより簡単に他の人と共有できるようになります。

第1章　ジェノグラムの書き方

　ジェノグラムの作成前に，時間をかけてジェノグラムの基本的な「構成要素」を理解しておきましょう。ジェノグラムを作成する際には，「ジェノグラムの表記一覧」のページ（30頁）を参照してください。家族の個人を表す基本的な記号に加えて，親しさ，疎遠，葛藤，断絶など，家族の人々の典型的な関係性を表す線があります。

　ここから，ジェノグラムで使用する基本的な記号や線を紹介します。これらの記号や線が何を表しているのか，どのようにジェノグラムが構成されるのか，十分に理解できるよう，時間をかけて勉強してください。

基本となる表記

　男性は四角で，女性は丸で描きます。

　男性は一般的に結婚相手の左側に描きます。

　右の図のように，両者を結ぶ実線で婚姻関係を表します。

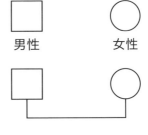

　子どもは，生まれた順に左から描きます。この例では，結婚した夫婦に3人の子どもがいて，年長の子が男性で，2番目の子（真ん中の子）も男性，一番年下の子が女性です。

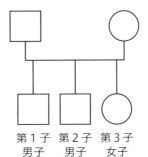

出生に関する表記

　出生に関連する情報は，以下の記号を使います。これらの記号を一貫して使うことで，家族の出生に関する状況を即座に理解できます。（四角は男性，丸は女性を表していることを忘れないでください。）

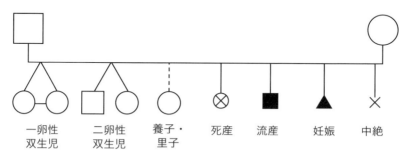

一卵性双生児　二卵性双生児　養子・里子　死産　流産　妊娠　中絶

婚姻関係に関する表記

　未婚のカップル（婚約中または同棲中）は，点線で結びます。

　図のように配偶者を結ぶ実線に婚姻年を記入します。（訳注：m = marriage）

　夫婦の**別居**は1本のスラッシュで描きます。わかっている場合は，別居年も記入してください。（訳注：s = separation）

　夫婦の**離婚**は2本のスラッシュで描きます。結婚を表す線の上に離婚年を記入してください。（訳注：d = divorce）

死亡は，人物の記号に×を描きます。人物の記号の上に出生年と死亡年を記入します。（訳注：b = birth, d = death）再婚は，新たに結婚を表す線を描き，その婚姻年も記入します。

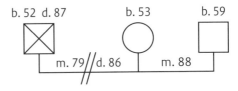

　この単純なジェノグラムでさえ，多くの情報を得られるという点に注目してください。この図を見ただけで，このカップルは1歳違いで，1979年に20代で結婚し，結婚生活は7年続き，1986年に離婚したことが分かります。子どもはいませんでした。男性は離婚の1年後に亡くなり，女性は離婚の2年後（前の夫の死の1年後）に結婚しています。そして，前の夫よりもずっと若い男性と結婚したことが読み取れます。

個人の状況に関する表記

　以下は，個人の特徴や特性を表すための標準的な記号です。あなたが持っている情報をもとに，これらの特徴をできるだけ多くジェノグラムに描いてください。

精神疾患，　　アルコール依存症，　　死亡と　　　　記号の中に
または身体疾患　または薬物依存症　　死亡時の年齢　現在の年齢を記入

ジェノグラムで人間関係を描く

　ジェノグラムができることは，多くの家族情報を効率的に描くことだけではありません。家族の中で起こっているダイナミクスを簡単に解釈できる形で描けることこそ，ジェノグラムの真のすばらしさなのです。家族間の関係を表現するには，関係性を表す線を使用します。以下の線を使って，家族間の関係を表してください。

　親密な関係は，人物の記号を二重線で結んで描きます。この例では，母親と真ん中の息子との関係が親密です。

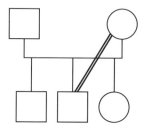

　より強い感情的な結びつきや関係は，さらに線を追加して描きます。非常に**親密**な関係は二重線で，**融合**（絡み合い）は三重線で描きます。この例では，父親は母親と融合しており，父親は娘と，母親は真ん中の子どもと非常に親密な関係にあります。

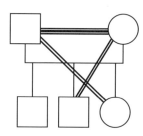

　家族の中での緊張や不安な関係は，さまざまな形で描かれます。**断絶**がある場合は，両者の間に途切れた線を描きます。右の図では，断絶が生じている夫婦を描いています。

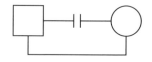

葛藤関係は，ジグザグの線で表現します。感情的な距離がある関係は，破線で描いてください。右の図には，母親と娘との間に葛藤が生じていて，父親は妻と第二子である息子との間に感情的な**距離**があります。

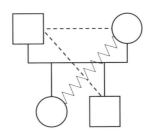

特定の関係線を組み合わせることで，複雑な関係のダイナミクスを表現できます。例えば，**融合しつつ葛藤も生じている関係**を，それぞれの組み合わせで描くことができます。このジェノグラムでは，母と娘の関係が，単なる葛藤から，葛藤に加えて融合も生じている状態にエスカレートしている様子がわかります。

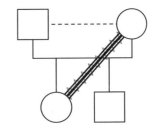

ジェノグラムのサンプル

　以下は，4世代をジェノグラムにしたサンプルです。あなたのジェノグラムも，構成や記号の使い方がこれに似ているはずです。このジェノグラムを検討し，1）家族に関する基本的な情報について，2）家族内の関係において何が起こっているかについて，どれだけこの家族の情報が読み取れるかを確認してみましょう。このジェノグラムでは**アン**が中心人物なので，彼女は強調された性別記号で描いています。

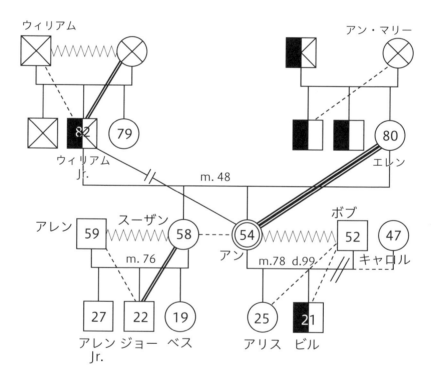

第1章　ジェノグラムの書き方

あなたは次のことに，どんな考えを持ちましたか？

・関係性
・病気や依存症
・別居や断絶
・出生順位やきょうだいの位置
・世代間のパターン
・名前
・アンの家族との関係
・この家族システムの三角関係（41頁参照）について
・このジェノグラムに追加できる他の情報は何か？

ジェノグラムの表記一覧

　このページを参照して，ジェノグラムを作成してください。ジェノグラムの解釈を容易にするために，これらを一貫して使用しましょう。

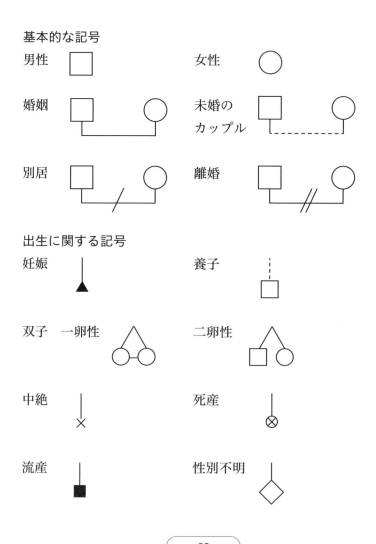

第1章 ジェノグラムの書き方

関係性を表す線

親しい

距離がある

葛藤

親密な関係

絡み合い

断絶

虐待

葛藤し絡み合った状態

状態を表す記号

現在の年齢

死亡

アルコールや薬物の依存症

精神的，または身体的な疾患

Identified Patient
（問題や症状があるとされる人）

さあ，始めましょう！

　描き方の基本を理解したところで，いよいよあなたの家族のジェノグラムです。ワークページ（34頁）を使って，あなたの家族のジェノグラムを作成してみましょう。できる限りルールや慣例に従いつつ，完璧にしようと思い過ぎないことです。自分自身と生まれ育った家族から始めて，近親者，そして前の世代へと，できる限りさかのぼることを忘れないようにしましょう。

　　＊　ジェノグラムの完成後は，第２章に進み，家族関係の解明に乗り出しましょう。

　始める前に，できるだけ多くの情報を集めましょう。そして，家族からさらに基本的な情報を募りましょう。ジェノグラムに取り組むことで，最終的には，あなたは家族に対して「家族がどう行動し，どんな役割を果たし，どのように一人ひとりが形づくられたか」ということを話すことができるようになります。このことについては，この後の章で詳しくお伝えします。

　では，さっそくジェノグラムを作成してみましょう。基本的なジェノグラムから始めて，好きなだけ多くのバージョンのジェノグラムを作ってください。例えば，家族の健康歴のジェノグラムや，学歴とキャリアのジェノグラムを作成できます。また，家族の引っ越しや海外移住に着目したジェノグラムも作成可能です。宗教や信仰が家族の重要な特徴であれば，世代を超えてその影響を描くジェノグラムを作ることができます。もちろん，意欲的に取り組めば，これらすべての要素を１つの大きなジェノグラムにまとめることも可

能です。しかし，はじめのうちは，シンプルな方がよいでしょう。

  * ジェノグラムのテーマとなりうるもの
  ・家族の健康歴・病歴
  ・教育，キャリア
  ・移住と引っ越し
  ・宗教と信仰
  ・寿命（死亡時の年齢）
  ・断絶
  ・父と息子の関係
  ・母と娘の関係
  ・父と娘の関係
  ・母と息子の関係
  ・きょうだいの関係
  ・兵役
  ・暴力や手に負えない状態
  ・男性の役割
  ・女性の役割
  ・エニアグラムや性格タイプ
  ・家族のそれぞれの役割
  ・その他

家族理解のためのジェノグラム・ワークブック

基本となる記号

男性　　□

女性　　○

自分　　▣　◎

死亡　　⊠　⊗

アルコールや
薬物の依存症

精神疾患,
または身体疾患

Identified
Patient　→□　→○

第1章 ジェノグラムの書き方

関係性を表す線
親しい
―――――

親密な関係
＝＝＝＝＝

距離がある
- - - - - - -

絡み合い
≡≡≡≡≡

葛藤
〜〜〜〜〜

葛藤し絡み合った状態
≋≋≋≋≋

断絶
――┤├――

第2章

ジェノグラムを使った家族理解

　ジェノグラムで家族を図にしてみることは，あなたの家族や家族の中での自分の立ち位置を理解したり，家族の影響により今日の自分があることを理解したりするための良いきっかけとなります。ジェノグラムを作成することで，すでにあなたは家族に対する理解が深まっているのではないでしょうか。それでは，家族の感情システムを解釈するのに役立つ，いくつかの重要な概念を探ってみましょう。家族の感情システムは，家族の信念や価値観，互いの関わり方，不安，変化，もしくは危機に対処するために身に付ける関係性のパターンで構成されています。家族の感情システムには，きょうだいの位置（出生順位），親子関係や夫婦関係の質と種類，それらに関連する人間関係のパターンなども含まれます。家族システムを読み解くことで，あなたの行動や役割のパターン，選択に強く作用する家族からの影響，あなたが反応してしまう原因である「感情的にさせるスイッチ」をはっきり見分けられるようになります。

　ジェノグラムを読み解く際には，好奇心とオープンな気持ちで臨んでください。家族について他の家族が抱いている信念，姿勢，見方には，正しいものも間違ったものもありません。できるだけ多くの家族に，家族の物語や家族との関係に関する認識について尋ねることが重要です。家族の中で起きた出来事について，他の家族は異なる認識や記憶を他の家族が持っていることを想定していてください。また，「この見方のほうが正しい」というものはないことを理解

していてください。さまざまな意見を聞くことで，家族システム全体について考えるための情報が得られるのです。家族の認識や記憶を聞くとき，神経を使うやりとりになることがあります。家族の中には，デリケートな問題について話したがらなかったり，ネガティブな情報と思われるものを明らかにしたがらなかったりする人もいます。こうした場合，配慮と粘り強い対応が必要になります。ジェノグラムを作成しようとするとき，家族と話をする最初の数回は，ほとんど，あるいはまったく情報が得られないことがよくありますが，再度話をしたり，尋ね方を変えることで，うまくいくことがあります。

　ジェノグラムを作成し解釈するまでには，時間と労力を要します。家族に話を聞いたり，情報を集めたりするうちに，数カ月から数年かかることもあります。ジェノグラムそのものが重要なのではなく，「家族について何を学び，理解し，それがあなたにどのような影響を与えるか」が重要であることを心に刻みこんでください。ジェノグラムは，個人，情報，信念，行動，繰り返しのパターンを表すピースが組み合わさったパズルのようなものです。これらのパズルのピースは，一人ひとりの家族に焦点を当てるだけで終わってしまうのではなく，最終的には一体となって，より明確で，より完全な家族の感情システムの全体像を見せてくれます。

関係性のパターン

　ジェノグラムを完成させ，第1章で紹介した記号や線を使って主な関係性のパターンを特定したら，家族が互いにどのように関わり合っているかが見えてきます。パターン化された関わり方は，家族の「役者」が意識せずに自分の役を演じる「台本」のようなもので

す。この「台本」は繰り返し使われるため，次の展開は予測可能であり，特に不安が高まっている時期には，個々の家族と家族全体の両方の行動や役割に影響を与えます。さらに，家族は，しばしば家族の中の特定の人とある方法でかかわり，別の人とは全く異なる方法で，明確で異なるパターンに従ってかかわります。例えば，祖母が娘とは非常に距離を置き，葛藤がある一方で，孫娘とは非常に親密な関係を維持することがあります。

> * 家族システムは，ある種の恒常的なバランスを保つことで成り立っています。相互関係のパターンは，このバランスを保つのに役立っています。

　人間関係のパターンについて考える一つの方法は，相互関係のパターンを探すことです。家族システムは，一定の恒常性バランスを維持することによって成り立っています。例えば，家族の中である人がよそよそしい態度だと，別の人が親密さを求めるかもしれません。また，家族の中で，行動化したり，目標を持たなかったり，成績が悪かったりして無責任さを示す人（過少機能）がいると，他の人に対して過剰に責任を負う人（過剰機能）が出てくることもあります。そして，敵対的な行動の埋め合わせとして，あまりに心地よく親切な行動を見せることもあります。

　家族における**あなたの特有の関係性のパターン**を見極められることは，ジェノグラムに取り組むことで得られる最も重要な価値の一つです。この関係性のパターンは，**あなたの感情プロセスの一部**です。言い換えれば，あなたが不安を感じたときによく使う人間関係のパターンです。このパターンは，あなたの中にとても深く根付いているため，家族以外の人との関係においても，無意識のうちに表出されるでしょう。このパターンがどのようにして生まれたのか，そ

の行動を呼び起こす感情の「引き金」は何なのか，そして，自分のパターンが家族ごとにどう違うのかを理解することが重要です。例えば，母親が怒ったり，気を悪くしたりすると，誰かがとても親切で感じの良い人となって接するとします。もし，この役割が男性なら，将来，妻となった人が怒ったり，気を悪くしたりしたとき，同じパターンの反応をすることが予想されます。

> * 「不安」は良いものでも悪いものでもありませんし，ストレスを感じることはあっても，ストレスとイコールのものではありません。不安は，状況に対して私たちが抱く正常な生物学的・感情的反応です。

あなたの家族の感情プロセスを確認するため，以下のパターンのうちで，あなたと家族との関わりを最も言い表しているものを書き留めておいてください。

あなたが家族の中で他の人とどのように関わっているのかを，もっともよく表しているのは，次のうちのどれですか？

☐ 死に物狂いで戦う
☐ 見ざる，言わざる，聞かざる
☐ どんな代償を払っても，平和を求める
☐ 仲間外れ
☐ 私は絶対に何も言わない
☐ 誰にも頼れない状況
☐ あなたの悩みを解決します
☐ 私ではなく，あなたが問題なのです
☐ トラブルがあったら，私はここから出ていく
☐ あなたが感じるなら，私も感じる

□何でもします
□なぜ，みんなは私をいじめるの？
□何の問題もありませんよ，本当に
□そっちがその手でくるなら，こっちにも考えがある
□みんな，これでいいの？
□自分でやりたいんだ
□あなたには関係のないことだ

あなたが生まれ育った家族の中での，次の人との関係を描いてください。

・母親

・父親

・きょうだい

・祖父母

□それぞれの人とあなたの関係性は，どう違いますか？

□行動パターンを見つけられますか？　何が一番気になりますか？

□これらの行動は，あなたの行動と役割にどう影響していますか？

□これらの行動は，他の家族の行動と役割にどう影響していますか？

□これらの行動は，家族全体の機能にどのような影響を与えま

すか？

□他のそれぞれの家族との関係に，相互作用のパターンがありますか？

□危機に陥ったとき，異なるパターンが現れることがありますか？

* 相互作用的な関係のパターン
  ・過剰機能と過少機能
  ・追跡と逃避
  ・共依存
  ・過剰依存と過小依存
  ・強さと弱さ
  ・先導する人と追随する人
  ・人に喜びを与えることと敵対すること

三角関係

　人間関係のパターンを図式化することで，家族の中の三角関係を把握できます。三角関係は，家族システムにおける感情プロセスを明らかにする上で非常に重要です。三角関係は，家族関係の恒常性バランスを保つため，あるいは二者間の不安を処理するために無意識に形成される三者間のパターンです。三角関係の基本的なルールは，2人の家族の間に不安定さや葛藤があるとき，家族関係全般を安定させたり，強固にしたりするために，3人目の家族が引き込まれることが多いというものです。

三角関係は，家族関係の中でふつうに生じるものであり，誰もそこから逃れることはできません。ジェノグラムで注意すべき重要な三角関係は，選択の余地がほとんどない固定的なパターンを生み出すものです。言い換えれば，不安でパターン化された三角関係は硬直的で，関係者の選択の余地だけではなく，また，それに巻き込まれるかどうかの選択の余地さえも狭めます。三角関係は繰り返されることが多く，予測可能なため，簡単に見分けることができます。最も一般的なパターンの一つは，親が子のいずれかを三角関係にする場合です。例えば，夫が妻と距離を置いている場合，妻はそれを補うために，子どもの誰かに関心を集中させます。こうして三角関係が形作られ，それが家族の関わり方のパターンとして固定化されるのです（図１を参照）。

　　＊　付録Ａ「三角関係の７つの法則」を参照してください。

　親の三角関係に最も強く巻き込まれた子どもは，しばしばいくつかの特別な特徴や「症状」を示すようになります。そうした症状には，行動化すること（つまり，図のようにIPになる），「完璧」であろうとすること，家族の「足跡(あしあと)」を無意識に追うこと，人生でうまくいかなくなることが含まれます。

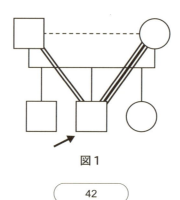

図１

あなたと両親の間に存在する三角関係は，自分自身の感情プロセスについて非常に多くのことを教えてくれるでしょう。この関係性のパターンは，あなたが世の中の他の人にどのように反応するかを形作る傾向があります。この三角関係が，「感情的になってしまうスイッチ」が何になるのかを決めてしまったり，あなたの行動や役割，他人との関係において柔軟性を欠く部分を決めてしまったりすることがよくあります。

多世代伝達パターン

　夫のために初めての夕食を作ることになった新妻は，母親のローストのレシピに挑戦しました。妻が肉をオーブンに入れる際に，肉の端を切り落として捨てていたのを，夫は戸惑いながら見ていました。しかし，夫は初めて食事を作ろうとしている妻の意気込みに水を差すまいと，何も言いませんでした。
　食事の後，「ハニー，美味しかったよ！」と夫が言うと，妻は嬉しそうに顔をほころばせました。
　夫はしばらく間をおいてから「ひとつだけ気になるんだけど」と口を開きました。「何？」と妻は聞きました。
　「高かった肉なのに，どうして端を切って捨てたの？」と夫が尋ねると，「母がいつもそうしていたからよ。ただ，それだけよ」と妻は答えました。
　夫は，義母の家を訪ねたとき，妻が肉の端を切り落としてからオーブンに入れていることを説明し，その理由を聞きました。
　すると義母は，「私の母がいつもそうしていたの。そうやって焼くのよ」と答えました。
　高価な肉の端をわざわざ切り落とすのはおかしいと思った夫は，

好奇心を刺激され，何か見落としているのではないかと感じ，意を決して**義母の母**に電話したのです。そして，妻と，義母の焼き方を説明し，納得がいっていないことを伝えました。

「なぜ，肉の端を切り落とす必要があるのか，教えていただけないでしょうか」と夫は義母の母に尋ねました。

義母の母は笑いながら「あら，そんなの単純なことよ！　オーブンがとっても小さかったものだから，お肉を入れるには，そうするしかなかったのよ」と答えたのです。

家族のパターンは，同じ世代の中で，あるいは世代を超えて繰り返される傾向があります。親と子の間の基本的な関係性のパターンは，無意識のうちに世代を超えて受け継がれ，将来の世代でも繰り返されるほど根付いています。関係性のパターンが世代間で伝達されるだけでなく，信念，傾向，役割，価値観が，直接的でありながらも，捉えにくい形で家族に浸透していきます。パートナー選びや職業の選択に，宗教的な慣習を守るときに，信念（それが正しいかどうかは別として）を持つときに，偏見を持つときに，そして，もちろん，人との交流に関しても，これらは影響を与えます。

ジェノグラムを見て，多世代間のパターン，問題，テーマ，危機が何なのか，特定するようにしましょう。そして，次のことを考えてみてください。

　　□あなたよりも上の世代や下の世代で繰り返されている三角関係
　　　を特定してください。

　　□三角関係は，時間の経過とともに変化していますか？

□三角関係は，世代を飛び越えていますか？

□あなたの現在のパターンの「写し鏡」と言えるような三角関係はありますか？

□パターンの中に病気に関係するものはありますか？

□アルコールや薬物依存に関係するパターンはありますか？

□虐待，手に負えない状態，暴力のパターンはありますか？

□成功や偉業のパターンと言えるものはありますか？

□宗教に関係するパターンはありますか？

□断絶，争い，移動のパターンはありますか？　逆に安定のパターンはありますか？

□家族システムを通じて，あなたに最も影響を与えた信念，傾向，価値観は何でしょうか？

節目となる出来事

　出来事が起こった順序は，家族システムを理解する上で重要な役割を果たします。そして，出来事を整理するのに役立つ情報を提供し，関係性のパターンの理解を深め，家族の感情的反応を明確にします。死亡，出生，離婚，事故，犯罪行為，喪失体験，危機など，家族にとって節目となる重要な出来事は，長く続くパターンや信念

を生み出す可能性があります。

　　　*　タイムラインのワークシートは付録Bを参照してください。

　ジェノグラムを見て，これらの節目となる出来事がいつ起こったかを調べてみてください。例えば，家族の中の重要な人物の死の直後に子どもが生まれた場合や，短期間に複数の喪失体験が発生した場合など，同時に発生した出来事を重視してください。例えば，他の子どもの死後に生まれた子どもは，過度の関心や特定の家族の期待を「受け継ぐ」可能性があります。離婚，早世，病気など，繰り返される出来事にも注目してください。その結果，家族の中に特定の信念や傾向が生まれるかもしれません。例えば，早世が多い家族では，「人生は短いんだから，楽しめるうちに楽しもう」という考えになるかもしれません。

　家族内の感情的な反応や家族のパターンの変化と，節目となる出来事との関連性を見極めましょう。時には，節目となる出来事によって，家族の信念や傾向が生まれ，それが何世代にもわたって繰り返されることがあります。タイムラインの作成は，節目となる出来事が家族の感情プロセスにどのような影響を与えるかを見極める上で非常に有効です。また，病気，重大な喪失体験，離婚，職業や経済的地位の変化などの問題に焦点を当てることができます。

　自分のジェノグラムを見て，次のことを考えましょう。
　　□節目となる出来事は，何でしたか？

　　□その出来事は，家族にどのような影響を与えましたか？

□節目となる出来事は，あなたの信念を形作ることに関して，どのような影響を与えましたか？

□節目となる出来事は，あなたと家族の関係を変えましたか？

□節目となる出来事が起きたことで，どのような繰り返されるパターンや信念が生じていると思いますか？

* ある出来事が個人または家族システム，つまり構造や感情プロセスに変化をもたらすとき，その出来事は「節目」であると言えます。その出来事自体が重要なのではなく，その出来事によって家族全体やそれぞれの家族がどのような影響を受けたのかが重要なのです。

病気と機能障害

　薬物やアルコールの依存，肥満，喫煙などの心身の病気や機能障害を調べていくことで，家族のパターンや信念をある程度理解できます。家族の信念や機能に影響を与える病気や機能障害のパターンが，家族で繰り返されていることがよくあります。例えば，家族の中で，女性がアルコール依存症になるパターンがあると，女性は頼りにならないという信念が生まれるかもしれません。近親姦の発生は，家族の中の男性に対する信念，セックスに関する態度，あるいは安全，信頼，保護に関する信念に影響を与えるかもしれません。家族がどのように病気に対処するか，また，病気によって生じる態度について考えてみてください。病気が何世代にもわたり繰り返されることは，1回の病気が与える影響そのものよりもより重大で，長期的な影響を家族に与える可能性があります。

出生順位と役割

ジェノグラムでは，家族の出生順位に注目してください。出生順位は，特定の役割を決定したり，世代間の傾向に応じて家族の行動や役割に影響を与えたりすることがあります。例えば，長男は家督を継ぐ人に選ばれ，末っ子の女性は親の介護をすることになるかもしれません。また，真ん中の子は，仲裁者として期待されるかもしれません。そして，末っ子の男性は，家族の厄介者，あるいは（無能な）「ねんねちゃん」の役割が与えられるかもしれません。出生順位に関連した役割や期待は，家庭によって異なるかもしれませんが，出生順位に伴う普遍的な傾向はあります。出生順位は，きょうだい関係だけでなく，子育てにも影響します。例えば，親が末っ子同士の場合と，親が長男と長女の場合とでは，子どもへの期待が異なることがあります。

* 出生順位と役割に関する良書
Richardson & Richardson, *Birth Order and You* (Self-Counsel Press, 1990)
Toman, *Family Constellation* (Springer Publishing Co. 1993)

ジェンダー

ジェンダーに関する信念や価値観は，直接的かつ捉えにくい形で家族に浸透していることがあります。これらの信念は，しばしばパートナーの選択に影響を与えたり，異性や同性の家族との関係に，あるいは私たちの態度に影響を与えたり，異なるジェンダーの信念

を持つ人と結婚した際には困難をもたらしたりします。家族が持つジェンダーについての考えを詳細に分析するとともに，機能や関係性のパターンであったり，役割との関連性を比較しましょう。

恩恵と遺産

　家族の優れた点の一つは，恩恵と遺産を代々受け継ぐことができることです。恩恵は，家族システムの中での私たちの立場と価値を認め，私たちの個性をたたえ，才能を認め，私たちに可能性の世界を切り開いてくれます。恩恵は，私たちが家族の一員であることを断言し，また，跡継ぎ，中心的人物，新興の家父長，または女家長，「家族牧師」，英雄，聖人，賢人，介護者，リーダーといった家族システムにおける特別な立場を明らかにすることが多いものです。家族に受け継がれる遺産は多種多様です。ほとんどの家族は，宗教的信念や信仰，文化，社会的価値，家族の歴史や伝統といった遺産を受け継ぎます。遺産の中には，金銭的なものや家業にまつわるものもあるでしょう。また，家族の聖書，母の持っていた陶磁器，曾祖母のキルト，父のコインコレクションなどの物や芸術品のような普通の遺産かもしれません。

　ジェノグラムを見ながら，以下の質問に答えるためにエピソードや出来事を思い出してください。
　　□あなたの家族は，恩恵や遺産をどのように祝ったり，扱ったりしていますか？

　　□そういった恩恵や遺産は，家族の中で誰が受け継ぐ傾向にありますか？

□恩恵や家族の遺産の継承にまつわる儀式や，儀礼，イベント，セレモニーがありますか？

□あなたは，家族からどのような恩恵や遺産を受け継いでいますか？

家族の秘密

　家族の秘密やタブーは，家族の感情プロセスに大きな影響を与えます。しかし，これらの「秘密」の影響は，表面化することはあまりありません。秘密にした内容の中心には「恥」と認識されている何かがあります。秘密にした内容が「悪いもの」とは限りませんが，とにかくそれを「触れてはいけない話題だ」と家族は捉えています。特に，同性愛，離婚，近親姦，投獄，経済的な破綻，自殺，犯罪行為，経済状況，精神疾患などをめぐる問題が秘密とされることがあります。これらは，心の奥底に隠された意図や思惑であり，家族の価値観，信念，業績へのプレッシャー，人間関係のパターンに大きな影響を与えます。「何かがある」という感覚を抱いているとしても，それが何かを正確にはわからないかもしれません。手がかりは，自分自身の説明しがたい感情，意味がないとわかっているのにしなければならないプレッシャー，根拠のない信念に基づき行動しているような感覚です。また，家族の中で決して語られることのない，あるいは避けられている話題も，調べるに値します。これらは，より慎重に調査する必要があり，家族に関する他の情報と比べて発見に時間がかかります。説明のつかない空白がジェノグラムにないか，誰も知らないような情報，家族が曖昧にしたり，話したがらないような話題がないか，探してみてください。

たいていの場合，こうした「秘密」を率直に話してくれる家族が誰かいたりするものです。それは，「遊び人」だったり，家族に「恥をかかせる」ことを気にせずに見て見ぬ振りをしている問題や恥ずべき内輪の秘密を話してしまう「家族のはみ出し者」だったりします。いずれにしても，そんな人を見つけることができれば，素晴らしい情報源となることでしょう。

信念や価値観に影響を与えるその他の家族情報

ジェノグラムを通して，家族の仕組みを明らかにし，家族の中での自分の立ち位置を理解するのに役立つ，多くの事柄が他にもあります。以下は，あなたのジェノグラムで特定し，探求すべき領域やテーマです。

□教育
□職業
□経済状況
□兵役
□家族の出身地，または住んでいる所
□宗教，または宗教的信念の変化
□政治的な考え
□民族的，または人種的背景
□外国からの移住

この時点で，ジェノグラムをどう解釈すればよいか見えてくるはずです。これらについて考えることを楽しみましょう。そして，家族と会い，あなたが知らないことを学ぶことを楽しみましょう。家族がどのように動いているのか，なぜ家族の一人ひとりがそのよう

に行動するのか，そして，あなたがどのようにして今の自分になったのかを学ぶのです。次の章では，あなたと家族との関係や，あなたの家族の中での位置づけに関する20の具体的な分野に焦点を当てていきます。

第3章

家族に尋ねるべき「20の質問」

　私たちは,「20の質問」というゲームを楽しんでいます。あなたもやったことがあるでしょう。このゲームでは,まず,出題者が,人や場所,または物を思い浮かべ,回答者は,20の質問を使って出題者が思い浮かべたものを推測します。適切な質問をすれば,たいていは正解にたどり着けます。「質問が適切なら,考えていることがわかる」ということに,私たちはいつも魅了されます。

　ジェノグラムを作成し,基本的な解釈の概念を学んだところで,いよいよ次のステップです。さあ,家族の感情システムの重要な問題を探求しましょう。以下の質問は,さらにジェノグラムを深掘りし,家族とあなた自身について明らかにしてくれることでしょう。すべて答える必要も,順番に答える必要もありませんが,質問に答えていくことにより,ジェノグラムを最大限に活用できます。質問には家族と一緒に取り組んでください。家族は,たいてい異なる視点や解釈,記憶を持っているものです。これは,出生順位や特定の経験をした際のライフサイクルの違い,その他の要因により生じます。立場によって受け止め方がそれぞれ違うのは当然で,家族における出来事やダイナミクスについて「自分の解釈こそ正しい！」と主張するのはナンセンスです。受け止め方は人それぞれだということが受け入れられれば,家族に対する理解は多面的なものとなり,わずかな違いも見分けられる豊かなものになることでしょう。

もし，ある疑問や問題を不快に感じたり，取り組むことに抵抗を感じたら「これは，追求すべき重要なものだと示唆しているかもしれない」と受け止めましょう。最も取り組むべきことに抵抗を感じるのは最初は当たり前です。そんなときは，「あなたなら，どうする？」と他の家族に聞くことで，行き詰まりから抜け出し，新たな視点で考えることができるようになるでしょう。

1．出生順位は，人間関係，行動や役割に，どのような影響を与えましたか？

　家族パターンのダイナミクスの一つとして，同じきょうだいの位置で育つ人々は共通で予測可能な特徴を持つことがあります。この特徴は「良いもの」とか「悪いもの」といった評価をすべきものではありませんが，他者との関わり方を補完したり対立させたりする要因となりえます。例えば，第一子である上司は，「末っ子」であるアシスタントとうまくいくかもしれません。上司である末っ子は，主導権を握りたいかもしれませんが，そのリーダーシップのスタイルは，第一子のスタイルと違うのが普通です。また，不安になれば，「ボス」であることに耐えがたくなるかもしれません。

　生まれた順番，つまり「きょうだいの出生順位」は，家族との関係に影響を与えることがあります。例えば，配偶者の出生順位は，お互いの関係性に影響を与えることがあります。さらに，両親の出生順位は，子どもとの関係に影響を与え，また，子どもの出生順位によって異なる場合もあります。

　　＊　誕生順：
　　　　一人っ子

           第一子
           第二子
           中間子
           末っ子

    *　**考慮すべきもの：**
           養子やきょうだいの位置
           最年長の男性
           最年長の女性
           最年少の男性
           最年少の女性
           混合家族の出生順位ときょうだいの位置

あなたの生まれ育った家族での出生順位が，家族の中でのあなたの立場や家族との関わり方に，どのような影響を与えたのかを説明してください。

両親の出生順位は，両親と子どもたちとの関わり方に，どのような影響を与えましたか？

きょうだいの出生順位は，家族の中での役割にどのような影響を与えましたか？　もし，彼らが結婚して自分の子どもがいるなら，出生順位は，彼ら自身の核家族にどのような影響を与えていると思いますか？

出生順位は，あなたとあなたの配偶者（またはパートナー），そして，あなたの子どもとの関わり方に，どのような影響を与えていますか？

2．家族システムにおいて，あなたの役割は何でしたか？

　家族は，しばしば，それぞれの家族に対して役割を「割り当て」ます。ほとんどの場合，それは無意識に行われます。生まれる前から出生順位により役割があらかじめ決まっていたり，もしくは，ある機能が家族全体に及ぶようにと，必然的に役割が割り当てられたりします。しかし，時には，自己分化＊した家族が「割り当て」られるのではなく，役割を自ら選択したりします。

> ＊　「自己分化」とは，家族などの人間関係の中で，他者とつながりを持ちながらも，真の自分自身でいられる能力のことです。これには，自分の価値観を知り，信念を持つこと，自分にとっての境界線を知り，他人の境界線を尊重することができることも，これに含まれます。

　生まれ育った家族の中でのあなたの役割を確認してください。それは，家族にとって，どのような目的や機能を果たしていたのでしょうか？　あなたの他の人間関係（仕事，教会，現在の家族など）でも同じ役割を果たしていますか？

　生まれ育った家族では，他の人たちはどのような役割を担っていましたか？　その役割は，家族にどのような影響を与えましたか？　それは，あなたにどのような影響を与えましたか？

> ＊　一般的な家族の役割
> 　金の卵
> 　スケープゴート
> 　厄介者
> 　犠牲者
> 　ヒーロー

フィクサー
問題を解決する人
介護や世話をする人
家族牧師
接着剤
親玉
家父長または女家長
年長者
赤ちゃん（ねんね）
中心的人物
ドジなやつ
お姫様
仲裁者
病気の人
強い人

3．遺産は誰が受け継ぎましたか？　中心的人物は誰ですか？

　多世代伝達とは，親（または始祖，家父長，女家長）とその子どもたちの間の感情の成熟度（分化度）のレベルが，世代を超えて受け継がれるプロセスです。これらは，人間関係や出来事を通して世代を超えて伝達されますが，情報を意識的に伝えたり学習させたりするレベルから，感情的な反応や行動を自動的かつ無意識的にプログラミングしてしまうレベルまで，相互に関連したいくつかのレベルで起こり得るものです。一般に，こうして伝達された情報（人間関係からパターンや遺伝的なものまで）が相互に作用して，家族や家族システムの両方を形作ります。こうした多世代にわたるパターンの影響力は存在しますが，これを意図的に理解しようと努力したり，無意識的なものであれば発見しようと努力したりしなければ，見過ごされてしまうかもしれません。

  ＊ 聖書のヤコブとエサウの物語は，典型的な家族の遺産と恩恵の物語です。普遍的な家族のテーマを持つこの物語は，創世記の27章と28章にあります。

 多世代伝達の一例は，家族の「中心的存在」の選び方です。多くの場合，第一子である中心的存在は「家族の恩恵」を受けます（つまり，恩恵を得られない家族もいます）。しかし，恩恵は重荷でもあります。店や会社，聖職などの家業を継ぐこと，家名の存続や家族の役割を担うといった第一子であるゆえの期待を肌で感じることになります。

 ジェノグラムで，あなたの家族システムにおける「中心的存在」を特定してください。あなたは，その一人ですか？　そうでないなら，なぜですか？

 あなたの名前は，親戚の誰かにちなんで名付けられましたか？　もし，そうなら，それは誰で，その理由は何ですか？　また，あなたにとってどんな意味がありますか？

4．ジェンダーについて，どのような考えでしたか？

 生まれ育った家族は，ジェンダー（社会的・文化的な性差）について，どのような考えを持っていましたか。文化は，生物学に勝るものではありませんが，性別に関する家族の信念は，自己理解，役割，人間関係に影響を与えることがあります。ジェンダーに関する信念や価値観は，強力でありながらも察知されにくいままに家族を通して伝えられることがあります。そして，ジェンダーに対する考えが異なる人同士が結婚するとき，あるいは民族的な家族が自らの

文化的背景を出て別の場所に住むとき，もしくは古い世代と若い世代との間に「ジェネレーション・ギャップ」が生じるときにも，困難が生じます。例えば，家族の中で「男は強くて感情を表に出さないものだ」というメッセージがずっと伝えられてきたことを発見できれば，家族の中の若い世代の夫婦が結婚生活で苦労している理由が理解できるかもしれません。

> *　ジェンダーの「役割」と「機能」は必ずしも一致しません。例えば，「家計を支える人」や「躾をする親」といった役割は，どちらの性別でも担うことができます。しかし，「お母さん」としての機能を果たせるのは女性だけであり，「お父さん」としての機能を果たせるのは男性だけです。言い換えると，感情プロセスにおいて，文化は生物学に勝てないのです。

生まれ育った家族では，男性にどのような期待や信念がありましたか？

生まれ育った家族では，女性にどのような期待や信念がありましたか？

この期待や価値観，信念は，あなたの中で変化していますか？どのような経緯で，どうなりましたか？

5．「選択された病気」は，ありますか？

家族システムには，「選択された病気」がありますか？　それは何ですか？　慢性疾患や急性疾患は，しばしば家族の感情プロセスを形作ったり，変化させたりします。慢性疾患のパターンは，ある家族は遺伝によって，ある家族は感情プロセスによって作り出されて

います。こうしたパターン化された病気は,「選択された病気」と呼ばれることがあります。ジェノグラムを調べて,「選択された病気」が3世代以上にわたってあるかどうか確認してください。

  * パターン化された「選択された病気」になりうる病気の例
・アルコール依存症
・糖尿病
・肥満
・遺伝性疾患
・精神疾患
・恐怖症
・認知症（アルツハイマー病）
・癌
・心臓病
・薬物依存
・物質依存
・依存（ギャンブル，セックス）
・身体的，精神的，または性的虐待

家族システムには,「選択された病気」がありますか？　遺伝的なものですか？　感情のプロセスや心理的な要因の結果でしょうか？

「選択された病気」は,それぞれの家族にどのような影響を与えていますか？

「選択された病気」は,多世代にわたる家族システムにどのような影響を与えていますか？　「選択された病気」は,どのような形でパターンとして現れていますか？

  * プラス面

例えば，高い運動能力や精神的な鋭さなど，平均以上の特性といえる才能に恵まれている家族もいます。スポーツ選手の家系とか，天才の家系とか，音楽的な才能のある家系でしょうか？あなたの家族システムの中で，突出した資質や才能を探ってみましょう。

6．あなたの生まれ育った家族を表現するのに一番近い「家族のテーマ」やモットーを選んでください。もし，見当たらなければ，あなたの家族システムの「家族のテーマ」か，モットーを挙げてください。「テーマソング」でも構いません

□「ことなかれ主義」
□「一人はみんなのために，みんなは一人のために」
□「世間に逆らう」
□「完璧な家族」
□「旅の恥はかき捨て」
□「カカア天下」
□「船頭多くして船山に登る」
□「リーダーになりたい人が多すぎて，従う人が足りない」
□「ともに祈る家族は一緒に居られる」
□「私を踏みつけるな。でなければ，噛みつくぞ」
□「私には秘密がある」
□「仲間割れ」
□「おまえは俺のボスじゃない」
□「怒らせたり間違ったりしないように非常に慎重になる」
□「私のもとを去ったあなたとは，もう一緒にならない」
□「うまくいっていない家庭は，一緒の時間を過ごさない」
□「すてきで，快適な我が家」

□「成功を公表し，失敗を隠す」

家族のテーマがわかる出来事やストーリーを思い出したり，教えたりしてください。

家族のテーマは，あなたの中に生き続けていますか？　それは今の家族の中でも生き続けていますか？　また，どんな形で生き続けていますか？　例を挙げて教えてください。

7．怒りは，どのように表現されていましたか？

　生まれ育った家族では，怒りはどのように表現されていましたか？　怒りは単なる感情ではなく，家族内の人間関係や感情プロセスに影響を与える「感情機能」の一つです。怒りは「相互作用」であり，人々が怒りにどう対処するかによって，お互いに影響を与え合うことになります。家族の中における怒りの扱い方（避ける，否定する，表現する，抑制する）によって，家族は互いに影響を与えあってきました。他人との関わり方や自分や相手の感情の扱い方に関する多くのことは，生まれ育った家族の中における怒りの扱い方を通じて身につけていくのです。

　　　＊　一般的な怒りへの扱い方
　　　　□対処を避ける
　　　　□怒りを否定する
　　　　□怒りを表現する
　　　　□怒りを抑制する

　家族の中で，誰があなたを最も怒らせたり，いらつかせたりしましたか？　あなたは，どのように怒りに対処しましたか？

家族の怒りは，断絶，うつ，暴力などにつながりましたか？　例を挙げてください。

8．愛は，どのように表現され，伝えられていましたか？

　家族が強い愛着，親密さ，あるいは愛情をどのように表現し，どう伝えているかは，その家族の感情の状態をよく表し，人間関係のパターンがどのように形作られ，続いていくのかがヒントになります。家族における最も重要な関係パターンのひとつは，「一緒にいることと，離れていること」のダイナミクスです。「一緒にいること」の極端なダイナミクスは絡み合いであり，「離れていること」の極端なものは距離を置くことや断絶です。

　生まれ育った家族の愛の表現方法を以下の線上に書き，なぜ，その位置にしたのかを説明するためのエピソードや出来事を教えてください。

　　親密 ◀―――――――――――――▶ よそよそしい

家族がどのように愛を伝えてきたか，下記の線上に書いてください。
「愛している」と家族がどのように伝えたか，いくつかの例を挙げてください。

　　言葉で ◀―――――――――――――▶ 行動で

あなたは自分の家族で，どのように愛を伝えたり行動で示したりしていますか？　また，あなたの人間関係の中では，どうしていますか？　あなたは長年にわたって，さまざまなやり方を学んで

きましたか？　それを誰から学びましたか？

9．10歳前後の頃のあなたは，どのような様子でしたか？

　10歳くらいになると，ほとんどの子どもたちが「成熟のとき」（大人への成長）を迎えます。そして，それまでわからなかった家族のダイナミクスに気がつき，意識できるようになるのです。例えば，自分の両親をジェンダーや役割で区別できるようになります。パパは，女性と結婚している男性で，夫であり父です。ママは，男性と結婚している女性です。そして，妻であり母です。その結果，子どもたちは，家族の中での自分の立ち位置や家族との関係について，新たな形で取り組まなければならなくなります。また，男性や女性であることの意味や，ジェンダーに関連する期待について学び，考え始めることになります。10歳になったとき，家族のライフサイクルのどこにいたかで，違いが出ることもあります。病気，死，引っ越し，両親の離婚など，節目となる出来事が10歳前後に起こると，子どもへの影響が大きくなることがあります。そのため，その年齢だった頃を思い返すことは，自分の行動や役割，家族の感情プロセスについての重要な手がかりを得るために有益なことなのです。

　10歳のとき，それぞれのご両親とはどのような関係でしたか？それを説明してください。

　10歳くらいの思い出の中で，家族の中での大きな出来事は何でしたか？　その出来事に対して，家族はどのように対処しましたか？　そのことについて，あなたはどのように感じていたか覚えていますか？

もし，過去の自分に会えるとしたら，10歳の頃の自分に何を伝えたいですか？

* **大人への成長**
  大人への成長は，文学や映画で人気のあるテーマです。10歳から13歳の子どもたちを描いた物語がどれだけあるか考えてみてください。そのいくつかを紹介します。

  小説
  『ジョニー・トレメイン』
  『ハックルベリー・フィンの冒険』
  『トム・ソーヤー』
  『シェーン』
  『宝島』
  『ブルックリン横丁』
  『マドレーヌ』
  『デビッド・カッパーフィールド』
  『大いなる遺産』
  『五次元世界のぼうけん』
  『たんぽぽのお酒』
  『何かが道をやってくる』
  『子鹿物語』
  『わが谷は緑なりき』
  『ワイルド・ブラック／少年の黒い馬』
  『アンジェラの灰』
  『アラバマ物語』
  『赤い子馬』
  『オリバー・ツイスト』
  『ライラの冒険――黄金の羅針盤』
  『蠅の王』

  映画
  『ハリー・ポッター』
  『緑園の天使』

『ロード・トゥ・パーディション』
『サンドロット／僕らがいた夏』
『ナビゲイター』
『シービスケット』
『アンブレイカブル』
『スタンド・バイ・ミー』

10．両親の関係について，どのように認識していましたか？

　家族における重要な関係は，両親の夫婦関係です。これは，家族の感情プロセスを方向づけるものです。三角関係を育み，維持させ，家族の感情的な健康を促進したり，あるいは，阻害したりします。生まれ育った家族における親との関係の特質と働きを理解することで，あなたの家族がどのようなものであったか，そして，どのような影響を受けて今の自分を形作ったかについて，多くのことを知ることができるでしょう。

　　　＊　　家族関係パターンにおける４つの基本的な要素
　・夫婦間の葛藤
　・１人，または，複数の子どもの障害
　・片方の配偶者の機能不全
　・感情的な距離

両親の関係はどのようなものでしたか？　親密でしたか？　対立していましたか？　距離がありましたか？　愛情深いものでしたか？

どちらかの親が「家庭内のリーダー」でしたか？　家庭内で，夫婦関係がどのように機能していたか説明してください。

子どもの頃，両親ときょうだいとの関係は，どのようなものでしたか？　両親は，きょうだいの誰かをひいきしていましたか？　誰かひとりに関心を向けすぎていませんでしたか？

両親から子育てについて学んだことは何ですか？　自分の子育てや他人との関係に活かせていることは何ですか？

11．重要な三角関係は，どこにありますか？

　重要な三角関係は，生まれ育った家族の中のどこにあると思いますか？　家族システム論やジェノグラムの分析では，家族3人の関係によって形成される三角関係がとても重要です。もっとはっきり言えば，三角関係がどこに存在し，どのようにして生まれたのかを発見するために多くの時間を割くべきです。三角関係は，システムとしての家族にプラスにもマイナスにも作用する特殊な関係性です。三角関係は「良い」ものでも「悪い」ものでもなく，人間関係の不安を処理する方法に過ぎません。家族システム論の基本原則の一つは，家族システムは自然にホメオスタシス（「平常どおり」と感じられるバランスのとれた状態）や何らかの均衡を求めるようになるというものです。2人の家族の間に不安定さや葛藤がある場合，3人目の家族が引き込まれて家族関係を安定させ，ホメオスタシスを達成しようとすることが多いのです。

生まれ育った家族の重要な三角関係を指し示すことはできますか？　誰による，どうして生まれた三角関係でしたか？

生まれ育った家族では，どのような三角関係の中にいましたか？　現在，（家族や職場で）どのような三角関係の中にいますか？

多くの場合，家族システムには重要な三角関係が存在し，それが連動する三角関係の起点となる傾向があります。家族の重要な三角関係について「これだ！」と言えますか？

* これらの質問に答える際には，付録A「三角関係の7つの法則」を参照してください。

* 三角関係とは，3人（または，2人と1つの問題）によって成立する関係性のシステムのことです。三角関係は，より安定した関係システムを作るため，より大きな感情システムの構成要素となります。2人だけのシステムは不安定で，維持することが不可能なので，さほど時間がかからずに3人目（または問題）を巻き込むでしょう。三角関係においては，3者の中で緊張が移動できるために，とても多くの緊張（不安）を内包することができます。1つの三角関係では処理できないほどの緊張があれば，つながりを持った連動し合う三角関係をさらに生みだします。

12. ジェノグラムに断絶はありますか？

　断絶，あるいは情動遮断とは，他者（親，きょうだい，他の家族，その他の人間関係）との感情的な接触を減らしたり，完全に断ち切ろうとしたりすることで，未解決の感情的問題へ対処することです。ほとんどの場合，断絶，あるいは情動遮断は不安や問題への対処法として不適切です。問題を休眠させただけで，未解決のままにしているだけだからです。家族システムの中には，断絶の行動パターンを作り出すものもあります。

* 断絶は，必ずしも地理的な距離を伴うものではありませんが，

未解決のままになっている問題の対処法として，家族から物理的に離れ，ほとんど家に帰らないという場合があります。一方で，家族と同居しながらもコミュニケーションを避けて感情的に「不在」となり，部屋に閉じこもったり，家族と食事を共にしないなどして，ほとんど互いを避けるといった断絶もあります。こうなると，相手を怒らせたり，嫌な思いをさせたりしないようにと，神経をとがらせる必要に迫られるときがあります。

　ジェノグラムを調べてみてください。断絶がありますか？　断絶は，家族の中で人間関係がうまくいかないときに生じる対処法のパターンですか？　あるいは，ストレスや不安を抱えたり，危機に直面したときのものですか？

　家族システムの中で，誰が断絶による報いを受けましたか？　その報いは喜んで受けましたか，それとも望んでいないものでしたか？

　断絶は恩恵でしたか，それとも呪いでしたか？

13. 家族システムで学んだ行動パターンが，仕事ではどのような形で現れていると思いますか？

　家族の感情プロセスは，私たちの人間関係のパターンを形作ります。過去の他者との関わりから影響を受け，問題や感情への対処の仕方や人と関わり方について，私たちは無意識で反射的に学んでしまいがちです。私たちは，学校，職場，教会，結婚，さらにはスポーツチームなどといった家族以外との人間関係にも，こうした他者との関わり方のパターンを持ち込んでしまいます。

* 相互依存的機能
出生順位との関連性：人々は職場のシステムの中で，仲裁者，最年長，末っ子，ヘルパーなどの家族における役割を演じます。
過剰機能とのとの関連性：家庭で過剰機能となっているのなら，職場でも同じようになりがちです。しかし，一見すると矛盾するようですが，職場では過剰機能でも，家庭では過少機能であることもあります。

あなたが家族の中で果たしていた役割は，友人関係やグループ，職場での人間関係にどのように影響していますか？

家族システムは，あなたの職業選択にどのように影響しましたか？　家庭環境のせいで「天職を逃した」と感じたりしますか？

14．生まれ育った家族の民族的な背景や伝統は何ですか？

　海外から移住した後に新しい文化に同化したとしても，民族的な価値観やアイデンティティは，何世代にもわたって生き続けるため，家族の民族性は強い影響力を持つことがあります。民族的，または文化的な家族のありようは，年齢，性別，家族や人生の役割，感情表現，出生順位，独立，地位などに関する考え方におそらく反映されます。例えば，ある文化的な家父長制のもとでは，通常の女性の役割から外れたキャリアを女性が選択すると，ひんしゅくを買うかもしれません。このような場合には，切り捨てられたり，厄介者として認識されたりする可能性があります。ジェノグラムを調べると，今の世代，前の世代，あるいはその両方に，このようなダイナミクスが見られるかもしれません。

　あなたの継承している民族的な伝統が，家族の相互関係にどのよ

うな影響を及ぼしているかを特定できますか？　特定できたのなら，説明してください。

家族全体や家族の一員に影響を与え続けている，民族的な伝統に関連する，特別で，明確な家族の価値観はありますか？

家族が守り続けている独特の文化的慣習や習慣はありますか？　家族が守らなくなったものはありますか？　それらについて教えてください。

15．生まれ育った家族で，過剰機能と過少機能の相互依存のダイナミクスはありますか？　あるいは現在の家族では？

　過剰機能と過少機能は，相互依存の機能です。つまり，一方の存在なしにはもう一方はありえないのです。過剰機能とは，本来は他の人がすべきことを別の人が担ってしまうことです。その人にしてみれば正しいと感じていても，過剰機能の人は，常に他人の領域に入り込んでしまっているのです。

　　＊　**過剰機能な人の共通点：**
　　　他人のために何かをする
　　　他人のために考える
　　　心配する
　　　他人の痛みを感じる
　　　助け出す
　　　特定の行動を要求する
　　　他人のために何かを計画する
　　　「ノー」と言えない
　　　他人の仕事をするために，遅くまで会社に残る
　　　自分のことは自分でできる人の「世話」をする

他人の後始末をする
　　　他人のための選択をする
　　　頼まれてもいないのに，または，不適切なタイミングでアドバ
　　　イスする

　ジェノグラムを見て，家族システムに過剰機能な人がいますか？
また，それは誰ですか？　どんな点が過剰機能であると言えます
か？

　過少機能に陥っているのは，誰ですか？　それは，どのようなこ
とに関してですか？　過剰機能となっているのは誰で，どのよう
にしていますか？

　あなたは，過剰機能，それとも過少機能となっていますか？　そ
れは，どういったことに関してですか？　過剰機能や過少機能の
どちらかの状態のときにどのように感じるかを記してください。
それに呼応した役割を担うのは，誰ですか？

16. 家族は，危機にどのように対処しましたか？

　家族が危機を乗り越えることができるかどうかは，感情プロセス
に関連する多くの要素に左右されます。また，感情プロセスに関連
する多くの要素を示唆します。家族が健康であればあるほど，危機
に直面したときに回復力を発揮できます。健康な家族は，バランス
を取り戻したり，新たな困難な状況に適応したりする力を内に秘め
ています。危機にうまく対処できない家族は，ちょっとした危機で
も，お手上げになったり，非難し合ったり，スケープゴートを生み
出したり，新たな三角関係を生んだり，被害者意識や無力感を感じ
たりします。

> * たいていの場合，家族の危機は深刻な不安を引き起こします。興味深いことに，不安のレベルや問題の内容，危機の種類よりも，家族が持つ資源を活用できる能力が家族にあるかどうかのほうが，危機をうまく乗り越えられるかの決定的な要因になっているようです。

次の質問に答えながら，ジェノグラムを見直してください。あなたの洞察を説明するために，感情プロセスのダイナミクス（例えば，三角関係）を図にしてください。

家族が危機に対処しなければならなかった時のことを覚えていますか？　どのように家族が対処したか，説明してください。行き当たりばったりでしたか？　それともうまく対処しましたか？　主に「戦う」姿勢でしたか，それとも「逃げ」でしたか？

ジェノグラムを見てみたとき，危機にうまく対処した家族は誰ですか？　その人たちは，どのような強みがあり，積極的に対応できたのでしょうか？　このタイプの人を特定するのに役立つパターンは，ジェノグラムの中に見つかりますか？

ジェノグラムを見てみたとき，危機にうまく対処できなかった家族は誰ですか？　なぜ，そうした対応だったと思いますか？　ジェノグラムに，その人を特定するのに役立つパターンがありますか？

家族を危機的な状況に追い込んだり，不安にさせたりしがちな事柄や問題を特定できますか？　お金の問題？　健康問題？　子どもの行動？　宗教の問題？　アルコール，または薬物の乱用？

親の行動?

家族に危機が訪れたとき,どのような三角関係が形作られますか? そのときの役割は決まっていますか?

17. スピリチュアリティや信仰,あるいは宗教の役割と機能は何ですか?

　宗教と信仰は,家族生活の重要な要素です。なぜなら,これらは核となる価値観を形作り,他者との関わり方を教えてくれるからです。加えて,宗教と信仰は,この世に生きる意味と目的という問題も扱っています。家族の宗教的しきたりに関心がない場合でも,家族に影響を与えることがあります。「宗教的しきたり」は,公式なもの,非公式なものを問わず,信仰的なものや,文化,民族的なものである場合もあれば,普段の祈りの作法の場合もあります。

　私の家族はあのころ……

　1. 子どもの頃に家族が行っていた宗教的なしきたりについて,どういった記憶がありますか? 独特な文化的行事がありましたか? あなたは,宗教的な家族の伝統を守っていましたか? あなたにとって非常に意味のある家族での信仰上の体験を覚えていますか?

　2. 10歳の頃に,家族で通っていた教会や信仰共同体での体験について,思い出を話してください。もし,家族が教会に通っていないなら,家族の信仰,信条,宗教に関する体験について覚えていることを話してください。

3．ジェノグラムで，家族システムの中で最も信心深い人を特定してください。あなたの家族システムの中で「聖人」と「罪人」は誰でしたか？ ジェノグラムでその人たちを特定してください。

私の家族の今は……

4．家族が行っている宗教的で信心深い慣習について説明してください。家族全体であったり家族の誰かが守っているものがありますか？ もし，あれば，それについて教えてください。

5．家にある「宗教的な物」（写真，絵画，アート，オブジェ，家宝，聖像画など）を挙げてください。これらは単なる装飾品ですか，それともあなたや家族にとって意味があるものですか？ また，家族の一人ひとりにとってはどうですか？ そうしたことについて説明してください。

18．家族のライフサイクルのどの時点で，あなたは生まれましたか？ どの時点で「家を出た」のですか？

家族は，ずっと同じで変化しないものではありません。家族は成長し，変化し，進化し，一般的に予測可能なライフサイクルを経て発展していきます。家族ライフサイクルの中で，私たちはいつ誕生したのか，養子として迎えられたのか，あるいは混合家族の一員として加わったのかによって，家族関係や構造に大きな違いが生まれます。きょうだいであっても，家族のライフサイクルのどの段階で生まれたかによって，家族の中での経験や家族に対する受け止めが大きく異なることは珍しくありません。以下の質問は，あなたのジ

ェノグラムの日付と照らし合わせてください。

  * 家族のライフサイクル
  1．「結婚前」段階（恋愛期間，結婚準備期間）
  2．「立ち上げ」段階（子どもの有無に関係なく，7年間まで）
  3．「育児」段階（第1子の誕生）
  4．「家族初期」段階（家族になる，きょうだいの誕生）
  5．「家族後期」段階（第1子がティーンエイジャーに）
  6．「巣立ち」段階（第1子が大学進学，家を出る，または他の子どもが家を出る準備中）この段階は，成人した子どもたちが大学卒業後，自立する前に実家に戻ってくることで，延長されることもある
  7．「空の巣」段階（すべての子どもが家を離れる）
  8．「世代交代」段階（親が祖父母になる）

  離婚，家族の離散，死別，悲劇，戦争や移住といった出来事，子どもを授からないことなどは，通常の家族のライフサイクルを妨げたり，軌道修正させたりするものになりえます。

家族のライフサイクルのどの時点で，自分が生まれたのか特定できますか？

あなたが子どもだった頃，最もよく覚えている家族のライフサイクルはどの段階でしたか？ あなたが「思春期前期」（10〜13歳）の時期を迎えたのは，家族のライフサイクルのどの段階ですか？

ライフサイクルのどの段階で，あなたは家族から離れましたか？ そのきっかけは何でしたか？ 大学に進学するような自然なものでしたか？ それは断絶が原因ですか？ あるいは，追い出されたのですか？ それとも，危機が生じたからですか？

きょうだいに，あなたと異なる家族のライフサイクルの段階で生まれた人はいましたか？　それは，あなたの経験と，どのように違いましたか？

ジェノグラムには，特定のライフサイクルに関連したパターンが見られますか？　例えば，一番上の子どもが家を出るときは，断絶のような状況で家を出ていくような感じでしたか。それとも，恩恵を受けながらでしょうか？　空の巣の段階では，結婚生活に問題が生じていますか？　離婚は，結婚の初期に起きていますか？

19．喪失体験に，家族はどう対処しましたか？

　ジェノグラムを用いて家族の感情プロセスを理解するとき，鍵となる要素は喪失体験です。喪失体験にはさまざまな種類があります。重病，死別，障害，経済的困窮，失業，流産，離婚，家や遺産を失うことなどがあります。このような喪失体験やそれによる痛みの深さはさまざまですが，すべての喪失体験には「喪に服す」ことと「悲嘆」が伴います。「喪に服す」とは，喪失体験に伴う外的な行動，習慣，儀式，表現のことです。「悲嘆」とは，喪失体験に伴う内的な感情プロセスであり，落ち込み，悲しみ，希望の喪失，怒り，受容などがあります。

　　　＊　**節目となる出来事としての家族の死**
　　　　家族の中の重要な人物の死は，「節目となる出来事」となる場合があります。節目となる出来事は，家族の変化や再編成，仲たがい，家族間の行動や役割の変化などを引き起こします。例えば，節目となる出来事となる死は，ある家族では断絶を修復してくれるかもしれませんが，別の家族では断絶を引き起こして

しまう原因となるでしょう。

家族は，失ったものを嘆き悲しむ気持ちをどのように表現しましたか？　家族や家族の個々人が，誰かを死や他の理由で失ったことに関して，どのように嘆き悲しんだかがわかるエピソードを教えてください。

悲嘆に対して，家族はどう対処しましたか？　同じ家族であっても，悲嘆への向き合い方が異なることがあります。あなたの家族もそうでしたか？

家族の中で，最も大きな影響を与えたのは，誰の死でしたか？　その人の死は，家族にどのような影響を与えましたか？　葛藤がありましたか？　その結果，家族の責任に変化がありましたか？

喪失体験によって，特定の家族の機能に変化があることをジェノグラムの中に見つけられますか？

20. 家族には，恥ずべき内輪の秘密がありますか？

　家族の秘密は，健全な家族の感情プロセスを妨げます。家族の秘密とは，家族から本当に隠されていることもあれば，誰も口にしないだけの「公然の秘密」という場合もあります。どちらの場合も，コミュニケーションを阻み，「知っている人」と「知らない人」からなる分断の関係ができあがってしまいます。家族の「秘密」とは，こっそりと誰かが続けている悪い習慣や一度きりの過ちを隠しているような，単なる個人的なものを指すのではありません。家族の秘密とは，家族システム全体に影響を与える出来事，行動，パターン，

または事件であり，これは感情プロセスに影響を与えます。家族の秘密を知る側は，タブーに触れるようなことを言わないように，常に警戒しています。秘密を知らない側は，なぜなのかわからない不安や他の家族が見せる何かを避けるかのような態度をしばしば感じます。家族の感情プロセスに対して，秘密の存在自体が，秘密の内容そのものよりも，はるかに大きな影響を与えます。秘密とする理由が「**真実を知ることからの苦痛を免れるため**」であったとしても，家族の不安レベルを下げるどころか，高めてしまう傾向があるのです。秘密が明かされると，最初は痛みを伴うかもしれませんが，その後は，家族の不安のレベルが下がるのが普通です。なぜなら，全容を家族全員が知ることで，それまで不安を縛っていたもの，あるいは不安を持続させていたものと家族全員が率直に向き合い，受け入れることができるようになるからです。例えば，概して子どもたちは，「家族の秘密」にまつわる不安に対処できる力より，家族の中で起きている真実に対処して回復する力を備えているのです。

* 家族の秘密の種類
- 自殺
- 投獄
- 経済的な失敗
- 精神疾患
- 非嫡出子
- 中絶
- 同性愛
- 身体的・精神的虐待
- かけ落ち
- 前の結婚
- アルコール依存症や薬物依存症
- 死産
- 間近に迫った離婚や別居
- 近親姦

ジェノグラムを調べたとき，情報が欠けている部分はありませんか？　家族が「話さないこと」はありませんか？　例えば，原因不明の死や不思議な死，断絶に至った理由の曖昧さ，特定の人物について話したがらないこと，名前や死亡年月日や生年月日が不明な人物がいたりすることはありませんか？

あなたは「家族の秘密を知る側」の人間ですか？　その秘密とは何ですか？　なぜ，あなたはその秘密を知っているのですか？　なぜ，他の人は知らされていないのですか？

第4章

ジェノグラムを活かす

　この時点で，3世代にわたるジェノグラムができているはずです。生年，死亡年，婚姻年，さらには職業，病気，節目となる出来事などの歴史的な情報が含まれていることでしょう。ジェノグラムの作成過程で，すでに家族の中の理解しやすい感情の関係パターンが明らかになっているかもしれません。さらに，あなた自身の他者との感情のパターンや，そのパターンがどのように形作られたのかが，浮き彫りになり始めているかもしれません。家族の感情プロセスを最も包括的に把握するには，少なくとも5世代にわたるジェノグラムにする必要があります。2世代，3世代では見つけることのできないパターンもあるため，世代の深さは重要なのです。

　ジェノグラムの取り組みには，時間と忍耐が必要です。作成と分析に数年を要することも珍しくなく，その間に，より多くの情報が明らかになる過程で，深く埋め込まれた人間関係のパターンが徐々に明らかになります。「自分がどうしてこうなっているのか」ということを，感情的な環境から一歩引いて客観的に見るための「研究プロジェクト」だと認識しましょう。そして，評価と情報をより多く収集し続けることで，あなたの家族の感情プロセスのニュアンスがより明らかなものとなっていくことでしょう。ジェノグラムに取り組むことで，自分自身と家族について理解が深まるという成果が得られます。さらに，あなたの次の世代が，より感情的に成熟する道も開かれるのです。

この章では，家族の情報をより多く集めるためのテクニックを解説し，「最適な行動や役割を妨げるあなたの感情のパターンを変える」という困難な作業を始めるためのヒントをいくつか紹介します。

家族の情報を集める

ジェノグラムを見て，すでに持っている情報と照らして，どこの情報が欠けているのかを判断してください。おじ，おば，いとこなどの周りの人に話を聞くことで，その欠けている情報を埋めることができるかもしれません。親，きょうだい，祖父母といった身近な人に話を聞く前に，遠く離れた親族に話を聞く方が簡単な場合もあります。「誰が」「何を」「いつ」「どこで」「どのようにしたか」に焦点を当て，できる限り事実を把握してください。しかし，**「なぜなのか」**は尋ねないようにします。**「なぜ？」**という質問は，事実や感情プロセスではなく，内容や動機に絡む話を導きかねないからです。情報を集めるときは，できるだけ多くの家族と一対一で話すようにしましょう。そうではない時間を過ごしてしまうと，平常のバランスを保つためのパターン化された行動や役割が顕著になり，あなたも自動的にそのパターンに引き込まれてしまうでしょう。一人ひとりと個別に話せば，感情プロセスのために「動けなくなってしまう」という可能性は低くなります。しかし，家族という集団の中にいるときは，その中に現れるパターンを注意深く観察してください。何が起こっているのかに注目してください。第三者的な視点で，自分と他の家族の相互作用を観察してみてください。以下のようなことを観察してみましょう。

　　＊　「なぜ？」という質問は，しばしば動機にたどり着きますが，動

機を知ろうとすることは，あまり意味のあることではありません。さらに，ほとんどの人は，自分の感情プロセスを十分に理解しておらず，特に，不安なときや反応しているときには，自分が何かをする「理由」を見極めることができません。そのため，家族というシステムで何が起こっているのかを**知る**ためには，動機を特定しようとするよりも，行動や役割を観察する方がはるかに価値があります。

□グループの中で支配的な人，あるいは最も注目を集める人は誰ですか？
□他の家族は，支配的な人にどのように反応しますか？
□別の意味で注目を集める，最も依存的で「弱い」人は誰ですか？
□誰が動揺し，何が，その不快感や苦痛の引き金になりますか？
□動揺している人に対して，家族はそれぞれどのように対応しますか？
□あなたは，どう感情的になりますか？
□どのような連合が作られていますか？
□三角関係は，何ですか？
□三角関係の中で，あなたの立ち位置はどんなものですか？
□家族の物語は，家族神話，ルール，期待，規範について何を教えてくれますか？

*　再会のためのイベント，結婚式，葬式などといった家族の集まりは，家族の感情プロセスを観察する理想的な「実験室」となります。

連絡を取る

　それぞれの家族に連絡を取る計画を立てましょう。連絡を取るタイミングやどんなことを聞きたいか考えましょう。特に，遠くにいる人や，ほとんど連絡を取っていない人には，手紙や電子メールを書くことが良いきっかけになります。また，書くことは感情的な距離を生み出すため，よりデリケートな問題を尋ねるのにも最適な方法です。書面でのコミュニケーションに続いて，個人的に訪問したり，電話をかけたりすることもできます。特に，デリケートな問題や感情的な問題に取り組むときは，親やきょうだいのそれぞれと個別に話すことが重要です。この方法なら，より多くの情報を得ることができ，家族の感情的なパターンに巻き込まれる可能性も低くなります。

- ＊　資料Ｃの「20の質問」を使って，ジェノグラムの作成のためのインタビューを家族にすることができます。以下のような独自の質問を加えることも検討してください。
  - 母親と父親，祖母と祖父などの関係は，どのようなものですか？
  - この家族の中で，あなたはどのように育ったのでしょうか？
  - 死，離婚，その他の節目となる出来事があった後，何が起きましたか？　一番に影響を受けたのは誰で，どのような影響を受けましたか？　あなたにとって，それはどのようなものでしたか？
  - 母や父は，誰に最も関心をもっていましたか？

　電話，手紙，訪問などを率先して行ってください。相手の時間を尊重するとともに，議論が感情的になりすぎている時には注意してください。そのような場合は，いったん中断して，後ほど再開する

のが賢明です。計画を立て，歴史や事実関係のデータなど，感情的になりにくい質問から始めます。感情的な問題は，時間の経過とともに不安が和らいできたときに取り上げればよいのです。例えば，ある娘が母親に初めて家族のことを尋ねたとき，母親はいくつかの質問に答えた後，不安げな声で「ところで，どうしてこんなことを聞くの？」と身構えたそうです。しかし，娘は優しく粘り強く対応し，そのうちに母親自身も興味と好奇心を持つようになり，心を開いてくれるようになりました。家族の心の開放度や問題の微妙さによっては，質問をすることで家族の不安が増すこともあります。ある女性は，おじやおばの全員に情報を求めて連絡しても無視された挙句に，「彼女に情報を与えてはいけない。彼女は家族の秘密をまとめた本を書いているんだから！」と家族から言われたそうです。根気よく，何度も聞いたり，別の方法で尋ねたり，違う人に尋ねることです。一番何も知らなさそうな，あるいは一番信用できなさそうな家族であっても，必ず全員と連絡を取るようにしましょう。その人たちが知っている内容に驚くかもしれません。他の人と話すときは，できるだけオープンで偏りのない態度でいることを忘れないようにしましょう。ここでの目的は，情報を得ること，考え方を理解すること，感情のパターンを特定することであり，**どちらかの味方をしたり非難したりすることではないのです。**

> * インタビューを通じて家族の感情プロセスを見極めるときに，「理由」と「原因」を区別することがしばしば役に立ちます。**理由**とは，起こったことを説明するために人々が使うものです。時には家族神話の形であったり，動機であったりします。こうした理由は，断絶，事件，または行動の実際の**原因**とほとんど関係がないかもしれません。人々が言う**理由**を超えて，**原因**である感情プロセスの力学に近づくことができるような質問をしましょう。

断絶された家族

　断絶された家族には，通常，距離を置いたことを説明するような，何らかの理由があります。距離を置く行動は，おそらく何年も全く話さなかったり，単に会えないことまでさまざまです。物理的な距離は必ずしも影響を与えるわけではありませんが，確かに影響を与えることがあります。家族システムにおいて，断絶や距離を置く行動のすべては，家族の中の感情の激しさを管理するための手段と考えられています。断絶された家族に連絡を取ることは重要です。ほとんどの家庭では，断絶の状態となった理由にまつわるエピソードや「家族の輪の外にいる人」に対してはっきりとした意見があります。多くの場合，断絶された家族は，家族のルールを破る人や，考えの違いを許容できない者とみなされます。このような家族のことを知り，彼らについて自分なりの考えを持つことは，時間をかける価値があります。こうした見解は，事実に対してバランスの取れた見方をもたらすことになり，確立された「家族の物語」に新たな光を当てることができるかもしれません。断絶された家族の一員に接触することは，家族システムの平常性（ホメオスタシス）を乱す可能性があり，特に断絶が長期にわたる場合や敵対的な関係性の場合は，注意が必要です。これを踏まえ，接触後にネガティブな反応があったとしても，冷静さと遊び心を失わないように心の準備をしましょう。

* 遊び心を持つことで,家族パターンの罠に落ちずに済みます。ただ，遊び心とは，ジョークや気の利いた言葉を言ったりすることではありません。慣れ親しんだ，あるいは期待されているよ

うないつもとは違う行動，まさに反対の「行動」をすることです。決して他の家族を変えることが目的ではありません。遊び心を持つことができれば，自分の考え方は変化し，不安は軽減されます。

他の情報源の利用

　欲しい情報を入手できず，「壁」にぶつかることがあります。それは，鍵となる家族が亡くなっていたり，数世代前の歴史的データが欠落している場合です。このような場合，他の情報源に頼る必要があるかもしれません。そのような場合，次のような方法があります。

□家族が埋葬されている墓地を訪れる
□国勢調査や出生・死亡記録などの公的記録を調べる
□古い病院の記録
□不動産登記簿謄本や土地使用許可証
□亡くなった親族の友人から話を聞く
□教会の記録
□遺言書
□家族の古い手紙
□「出生地」（街や家屋敷）を訪れる
□歴史上の出来事を調べ，ジェノグラム上の日時と関連性を見出す（例えば，戦争や移住は，家族の大きな経済的変化に対応しているか？）

ジェノグラムワークの目的

　おそらくあなたは今，集めた家族の情報をどのように使おうかと考えていることでしょう。どうすれば，この情報を生産的に活かせるのでしょうか？　最終的な目的は何なのでしょうか？

　なすべきことは，自分を常により良く変えていこうとすることであって，家族を正そうとすることではありません。家族システムの言葉を借りれば，「より**自分**らしくなる」ということです。言い換えれば，「行動と役割は，自分が選択できる」という**自己分化**が達成された自分になれるよう努力することです。つまり，自分の目標や価値観は，家族の無意識のパターンや信念，家族神話に影響されず，自分の心の中にあるものから生み出されるべきだと知るのです。例えば，「うちの家族の長男は，みんな弁護士になっている」という理由で，弁護士になることを選んだ長男がいるとします。しかし，本当は大工になるのが夢だったということもあります。それとは逆に，反抗心から弁護士になることを拒否する場合もあります。どちらの選択も，本当の**自分**の心の中にあるものから生み出されたものではありません。

　自己分化された人とは，他の人が感情的に反応している状況でも，冷静で客観的でいられるということでもあります。もう一つの重要な点は，非常に感情的な環境にさらされ，自分の気持ちや他人から感情的に反応させるような圧力があったとしても，家族全員との関係を維持できることです。ジェノグラムを分析することは，「何があなたを感情的に反応させているのか」や「家族の感情プロセスが，あなたの人生の**舵取り**をしているとき」を認識するのに役立ち

第4章　ジェノグラムを活かす

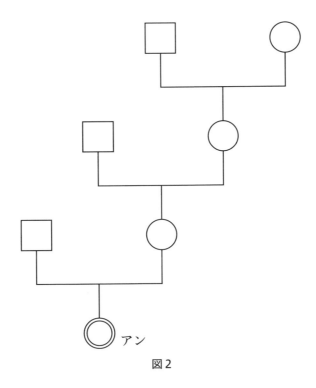

図2

ます。これは，自分の行動や役割に変化をもたらし，最終的には人生を向上させることができます。関係や反応のパターンが家族の中でどのように生まれてきたかを理解することで，狭い個人的な視点からあなたを解放してくれます。例えば，アンは，威圧的な母親によくイライラしていました。ジェノグラム（図2）を見ると，彼女の母親は，批判的で威圧的な母親のもとで育ち，この祖母も**その母親（曾祖母）**から同じことをされていました。さらに，アンの曾祖母は，アンの祖母が訪ねてくると，いつも批判していました。このようなパターンが現れたとき，アンはこの問題を自分自身の問題ではなく，家族の感情プロセスの問題としてとらえることができたのです。そして，母親への対応を変えることが容易になったのです。

このジェノグラム（図2）では，例に挙げた感情プロセスをどのように描きますか？

自己分化のためのステップ

あなた自身の感情プロセスに向き合うことは，より成熟した，自己分化された自分になるための良いきっかけとなります。また，自分が持つ「感情的になるスイッチ」を見つけ，それに対してどう反応する傾向があって，どうすれば別の反応を選択できるか知ることができます。普段の反応パターンと逆の行動をしてみるのも良い方法です。アンと彼女の批判的な母親のケースを例にとってみましょう。もし，アンのいつもの反応が防衛的で怒ることだとしたら，もっと遊び心を持つことで，違った反応をするようにします。例えば，アンは母親に「悪いところを全部書いて」と頼み，訪問の最後に母親が書いた「リスト」を受け取るようにするのです。

あるいは，あなたが，何をすべきかただちに人を正してしまう過剰機能な人なら，「おバカな人」を演じることを検討してみてください。アドバイスをするのは避けましょう。自分が行うのが適切だと思うことについて，ボランティアで助けたり意見を述べたりしないでください。何もできないふりをしましょう。例えば，自分の部屋で一人過ごすことの多い子どもにやたらとつきまとう親がいたとします。このとき，親は「もっと家族と一緒にいて」と子どもに迫るのを止め，「自分の活動に集中して構わない」と約束してもいいでしょう。あるいは，もっと自分の部屋で過ごす時間を増やすように促してもよいかもしれません。

第 4 章　ジェノグラムを活かす

　対象とすべきは，相手の行動や役割ではなく，あなた自身の行動や役割なのです。家族システムの考え方の鉄則は，「自分自身と，自分自身の行動や役割に対してのみ責任を持つこと」です。他人を**変えよう**としてはいけません。実際，あからさまにせよ，間接的にせよ，他人を変えようとすると，たいていの場合，自分の意図と逆の結果になります。かたくなに自分の思い通りにしようとすると，変えたい他人の行動そのものを強めてしまう傾向があります。自己分化を行う際には，自分がどのような行動や役割をし，何を言い，また，どのような反応がありそうかを前もって考えておくとよいでしょう。なぜなら，あなたはしばしば感情のパターンに捕らわれ，自動的な反応に逆戻りしてしまうからです。あらかじめ考えておくことで，予想される批判や抵抗，リアクションに対して，自分の反応を選択することができます。

　　＊　家族システムの考え方の鉄則は，「自分自身と，自分自身の行動や役割に対してのみ責任を持つこと」ということです。

　自己分化に取り組む際に注目すべきことは，あなたと両親の間の重要な三角関係です。この強力な三角関係は，あなたの配偶者，子ども，友人，同僚に対するあなたの無意識の反応の多くを形作っています。その三角関係において，自分の位置をどのように変え始められるか考えてみてください。例えば，もし，あなたが父親と親しくないなら，父親と距離を縮めてみてください。父親ともっと会話をしたり，自分の考えを伝えたり，ランチに行ったりするのです。母親と葛藤がある場合は，その原因を理解し，より遊び心のある対応で，口論にならないように，ランチに誘ったり，もっと祖母と話したりしましょう。目標は，両方の親と**それぞれ別の個人として**の関係をより成熟させることです。どちらかに肩入れすることなく，

あまり反応せず,「どちらかの味方になる」こともなく,どちらにも平等に関われるようになれば,成功したと言えるでしょう。

＊　あなたが親との三角関係において,自分の位置を変えるために重要なことは,子どもの頃の親との関係や行動や役割を追体験したり,繰り返したりすることではありません。子どもとしてではなく,大人として親と再び関わるということです。

自己分化のためのヒント

ここでは,自己分化のために必要な他の方法をご紹介します。

「アイ・ポジション」(I position) でいる

これは,他人のせいにしたり,批判したり,代弁したりするのではなく,自分の考えや希望,やること(あるいは,やらないこと)について,自分自身のために話すことを意味します。「私は……を信じます」「私は……と思います」などのフレーズを使ってください。アイ・ポジションは,三角関係をうまく管理できます。

自分自身の感情に責任を持つ

何かを感じ「させる」のは,他ならぬ,あなたです。感情は,あなた自身のものです。その感情によって引き起こされる思考や行動に対して,あなたは責任があるのです。

自分の感情の反応をコントロールする

「感情的になるスイッチ」を特定すれば,自分の反応をより簡単に制御できるようになります。ユーモアとシリアスの間を柔軟に行き来できるようにしましょう。ユーモアを持つこと,不条理さや矛盾

を認識することは，感情的な状況を解消するのに役立ちます。感情的な反応となりかねない状況のときは，普段と逆のことをするように考えると有効な場合があります。感情を，自分が選択したい行動の「指南役」として使うのです。抱いた感情を反応的に出してしまうのではなく，その感情は何なのか，自分はどんな行動を取りたいのかを考えてみましょう。思考を働かせ，あなたがどのように行動し，役割を果たしたいかを決めるのです。

家族のイベントにはすべて参加する

　葬式，誕生日，同窓会，記念日など，家族の行事にはすべて出席する。1）普段は会うことのない家族と接することができる，2）家族のパターンがより明確になる，3）家族の物語を通して，より多くの情報を自然な状況で収集することができる，という3つの意味があるからです。

危機的な状況を活用する

　家族のパターンを観察し，自分の行動や役割を変化させる機会として，危機的な状況を活用しましょう。家族の中で大きな喪失体験があった後，家族の感情プロセスと構造が再編成されることがよくありますが，これは普段どおりのバランスがその空白を埋めるために変化するからです。このような場合，自己分化した人は，家族の中でどのように位置づけを変えるかを選択できます。

オープン・コミュニケーション

　家族の中で決して語られることのない，あるいはめったに語られることのない事柄について，明確かつ率直にコミュニケーションをとる方法を見つけます。秘密にされたり，人を選んで共有されたりする秘密は，それを知る側と知らない側に境界線をしばしば生じさ

せます。秘密を持ち続けることは，神秘性を永続させ，断絶を助長させる可能性があります。

 * **三角関係で自分を管理する**
  □一対一のコミュニケーションを大切にする
  □どちらかの味方にならないようにする
  □他人の批判に耳を傾けない
  □秘密を持ち続けたり，秘密裏に情報を受け取らない
  □距離を置いている人との距離を縮める
  □三角関係のもう一方の当事者とのつながりを保つ
  □他人のことにではなく，自分のことに責任を持つ

妨害行為への対処

　行動や役割を変化させようとする試み（自己分化への取り組み）は，ほとんどの場合，家族システムのバランスを乱し，何らかの反応を引き起こすでしょう。このことをよく覚えておいてください。これは，システムが最も快適で，最も慣れ親しんできたバランスを取り戻そうとする動きです。この反応は，「妨害行為」と呼ばれています。言い換えれば，「良い行いだからこそ，反発を招く」ということです。誘惑，批判，抵抗，衝突など，妨害行為にはさまざまな形がありますが，重要なのは，そうした形ではなく，妨害行為がもたらす作用です。誘惑と批判は違うように感じるかもしれませんが，どちらもあなたを軌道修正させ，元の状態に引き戻すものなのです。

　妨害に直面しても，「あきらめずに取り組み続ける」ことが重要です。もし，冷静に，目的意識を持って自己分化の取り組みを継続で

きれば，あなたの新しい変化を家族が受け入れ始め，家族システムが再調整されるかもしれません。また，他の家族も自己分化へと歩み始める可能性もあります。いずれにしても，あなたは，エンパワーメントされている実感を味わい，目標は明確化され，喜びを感じられることのために力をより注ぐことができ，家族全員との関係もより良いものになるでしょう。

> * **妨害行為の言葉**
> 「おまえは変わったな」
> 「もうやめろ。さもなければ……」
> 「家族を傷つけているんだぞ」
> 「私たちを裏切っているのよ」
> 「おまえは間違っている」
> 「失敗するぞ」
> 「前の方が好きだった」
> 「何様のつもりだ」
> 「あなたは独りぼっちよ」

コーチを利用する

　自分自身や生まれ育った家族を理解し，あなたが望む変化を遂げることは，困難で複雑な作業ですが，努力する価値は十分にあります。しかし，ほとんどの人は，家族の感情プロセスに浸っているため，たいていは「木を見て森を見ず」となってしまい，全体が見えないものです。そのため，グループ，セラピスト，牧師，同僚といった「コーチ」の助けを借りることが大切です。コーチは，あなたが見えていないものをしばしば見ることができたりします。コーチは，自己分化のための計画を立てることができます。また，あなたの反応が，生まれ育った家族とどのように関係しているのかを認識

する手助けができます。そして，変化を促したり，励ましたりすることができるのです。

私たちの願い

　このワークブックが，あなたと家族の成長と自己理解に向けた生涯の旅の始まりとなることを願っています。ジェノグラムに取り組み続け，また，学びを通じて自身の成熟と健康に取り組み続けてください。家族とより深い誠実な関係でつながること，自己分化に取り組むことを願っています。家族が私たちを形作り，その結果，私たちは自分という人間になります。しかし，私たちもまた，自らの選択と影響力によって家族を形作ることができます。あなたとあなたの家族にとってベストな選択をすることを願っています。

付録A

三角関係の7つの法則

1. 三角関係における二者関係は, 残りの1人がそれぞれに, あるいは2人の関係にどう関わるかによって, バランスが保たれる。

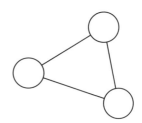

2. 三角関係において, 他の2人の関係を変えようとする試みは, 一般的に効果がないだけでなく, 自分の意図とは逆のことが起こりがちである。

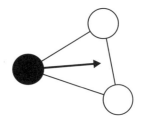

3. 三角関係において, 1人が, 他の2人の関係を変えようとするほど, 他の2人をストレスでいら立たせる可能性が高くなる。

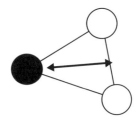

4. 感情システム内のさまざまな三角関係が連動しているので, どれか一つを変化させようとしても, 他の人やシステムそのものに抵抗されることがよくある。

5. 通常, 連動するシステムでは一つの三角関係が主であり, そ

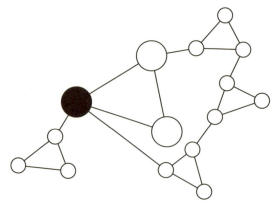

の重要な三角関係の変化は，他の三角関係の変化を誘発させる可能性が高くなる。

6．三角関係の一辺は，他の辺よりも葛藤が起きやすい傾向がある。家族の健康にとって重要なのは，発生する問題の量や種類ではなく，家族内の葛藤の分布や流動性であることが多い。

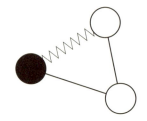

7．私たちは，自分との関係しか変えられない。したがって，他の2人の関係に変化をもたらす方法は，他の2人のそれぞれと明確な境界がある関係を維持して，他の2人の関係に責任を負わないようにすることである。

出　典：Friedman, E. H.（1985）*Generation to Generation: Family Process in Church and Synagogue.* New York: The Guildford Press.

付録B

家族のジェノグラムのタイムライン

　家族に関する節目となる出来事や特定の期間をめぐるタイムラインを作成することで，変化，パターン，移行，そして特定の出来事が人々の反応のきっかけとなったことを示すことができます。このワークシートは，調査したい期間中の重要な出来事を記録するために使用します。時系列で，行動，（地理的，あるいは仕事などの）移り変わりや移動，危機，歴史的出来事，病気，会議，会話，断絶，変化，節目となる出来事（出生，死亡，離婚）などを記録してください。そして，その時期の自分や家族の行動や役割に，パターンや進歩，関連性があるかどうかを判断してみてください。

年月日	出来事

付録C

家族に尋ねるべき「20の質問」

　この20の質問のリストをインタビューツールとして使用して，家族や他の人がジェノグラムを調べたり，自分の家族でこれらの問題をどのように認識しているかについて情報を求めたりできます。(このページをコピーして，インタビュー用に家族と共有することもできます。)

1. 出生順位は，人間関係，行動や役割に，どのような影響を与えましたか？
2. 家族システムにおいて，あなたの役割は何でしたか？
3. 遺産は誰が受け継ぎましたか？　中心的人物は誰ですか？
4. ジェンダーについて，どのような考えでしたか？
5. 「選択された病気」は，ありますか？
6. あなたの生まれ育った家族を表現するのに一番近い「家族のテーマ」やモットーを選んでください。もし，見当たらなければ，あなたの家族システムの「家族のテーマ」か，モットーを挙げてください。「テーマソング」でも構いません
7. 怒りは，どのように表現されていましたか？
8. 愛は，どのように表現され，伝えられていましたか？
9. 10歳前後の頃のあなたは，どのような様子でしたか？
10. 両親の関係について，どのように認識していましたか？
11. 重要な三角関係は，どこにありますか？
12. ジェノグラムに断絶はありますか？

13. 家族システムで学んだ行動パターンが，仕事ではどのような形で現れていると思いますか？
14. 生まれ育った家族の民族的な背景や伝統は何ですか？
15. 生まれ育った家族で，過剰機能と過少機能の相互依存のダイナミクスはありますか？　あるいは現在の家族では？
16. 家族は，危機にどのように対処しましたか？
17. スピリチュアリティや信仰，あるいは宗教の役割と機能は何ですか？
18. 家族のライフサイクルのどの時点で，あなたは生まれましたか？　どの時点で「家を出た」のですか？
19. 喪失体験に，家族はどう対処しましたか？
20. 家族には，恥ずべき内輪の秘密がありますか？

引　用：Galindo, Boomer, Reagan（2006）*A Family Genogram Workbook.* Educational Consultants.

参考文献

Bowen, Murray (1978) *Family Therapy in Clinical Practice.* New York: Jason Aronson.

Bregman, Ona Chon and Charles M White Eds. (2011) *Bringing Systems Thinking to Life: Expanding the Horizons for Bowen Family Systems Theory.* New York: Taylor & Francis.

Broderick, C. B. (1993) *Understanding Family Process: Basics of Family Systems Theory.* Newbury Park, Calif. Sage Publications.

Carter, Betty and Monica McGoldrick. (1989) *The Changing Family Life Cycle. Second Edition.* Boston: Allyn and Bacon.

Daniels, D. N. and V. A. Price (2000) *The Essential Enneagram: The Definitive Personality Test And Self-Discovery Guide.* San Francisco: Harper San Francisco.

Ebert, A. and M. Küstenmacher (1992) *Experiencing the Enneagram.* New York, Crossroad.

Friedman, Edwin (2009) *What Are You Going to Do with Your Life?* New York: Seabury Books.

Galindo, Israel (2001) *10 Best Parenting Ways to Ruin Your Child.* Richmond, VA: Educational Consultants.

Galindo, Israel and Don Reagan (2005) *10 Best Parenting Ways to Ruin Your Teenager.* Richmond, VA: Educational Consultants.

Gilbert, Roberta (1992) *Extraordinary Relationships.* Minneapolis, MN: Wiley Press.

Gilbert, Roberta (2000) *Connecting with Our Children.* MN: Wiley Press.

Harper, J. M. and M. H. Hoopes (1990) *Uncovering Shame: An Approach Integrating Individuals and Their Family Systems.* New York, Norton.

Kerr, Michael E. and Murray Bowen. (1988) *Family Evaluation: An Approach Based on Bowen Theory.* New York: W. W. Norton & Company.（藤縄昭・福山和女監訳（2001）家族評価：ボーエンによる家族探究の旅．金剛出版．）

Keyes, M. F. (1992) *Emotions and the Enneagram: Working through Your Shadow Life Script.* Muir Beach, Calif., Molysdatur Publications.

Marlin, E. (1989) *Genograms: The New Tool for Exploring The Personality, Career, and Love Patterns You Inherit.* Chicago, Ill. Contemporary Books, 1989.

McGoldrick, M. (1995) *You Can Go Home Again: Reconnecting with Your Family.* New York: Norton.

Minuchin, Salvador (1984) *Family Kaleidoscope.* Cambridge: Harvard University Press.（信国恵子訳（1986）家族万華鏡．誠信書房.）

Palmer, H. (1991) *The Enneagram: Understanding Yourself and the Others in Your Life.* San Francisco: Harper San Francisco.

Richardson, Ronald W. (1984) *Family Ties That Bind: A Self-Help Guide to Change Through Family of Origin Therapy.* Bellingham, Washington: International Self-Counsel Press Ltd.

Richardson, Ronald W. and Lois Richardson (1990) *Birth Order and You: How Your Sex and Position in the Family Affects Your Personality and Relationships.* Bellingham, Washington: International Self-Counsel Press Ltd.

Riso, D. R. (1990) *Understanding the Enneagram: The Practical Guide to Personality Types.* Boston, Houghton Mifflin.

Titleman, Peter (ed.) (2003) *Emotional Cutoff: Bowen Family Systems Theory Perspectives.* Binghamton: The Haworth Press.

Titleman, Peter (ed.) (1987) *The Therapist's Own Family: Toward the Differentiation of Self.* New York: Jason Aronson.

訳者あとがき

　解説志向アプローチを引き合いに出さずとも，原因探しは意外に解決に結びつかないものです。それでも人は原因を探したくなります。ジェノグラムはさまざまな家族の情報をわかりやすく示し，さらには，家族で起きているさまざまな事象の原因を浮き彫りにしてくれます。本書はそれだけでなく，深い自己理解や家族理解，自己分化への取り組みのきっかけを，実践的に丁寧に導いてくれる稀有な良書です。

　また，対人援助に携わる方なら，アセスメントツールとしてのジェノグラムのすばらしさの一部を実感できるでしょう。こうした多くの素晴らしさをみなさに知っていただきたく，翻訳を進めるに至りました。

　かくいう私ですが，2017年に柴田健先生のジェノグラムに関する講義を受けるまで，Murray Bowenどころか，家族療法も，ジェノグラムさえも知りませんでした。しかし，今ではジェノグラムに大きな関心を寄せ，友人とともに学びを深め合うまでに至ります。

　柴田健先生には，こうした学びのきっかけを作っていただき，本書にあっては至らぬ私の訳を全面的に支えてくださいました。

　また，職場の同僚であり，師匠でもあり，そして，ともに学びを深め合い続けている鈴木睦子さんには，翻訳に最後の磨きをかける総仕上げの段階で大いに協力していただきました。

　そして，遠見書房の代表の山内俊介氏からは，出版のきっかけのみならず，出版に至るまでにたくさんの助言をいただきました。

> 訳者あとがき

　最後となりましたが，三人との素晴らしい出会いと，本書の出版に際しての三人からのお力添えに厚く感謝と御礼を申し上げます。

大沼吹雪

[著者]

イスラエル・ガリンド（Israel Galindo）

ガリンド博士は教育者であり，*The Hidden Lives of Congregations*（アルバン社）などの著書があり，Academy of Parish Clergy（教区聖職者アカデミー）の「2005年のベスト10ブック」に選ばれています。また，コロンビア神学校の副学部長兼オンライン教育部長であり，大学院の聖職者リーダーシップ研修プログラム「Leadership in Ministry Workshops」（www.leadershipinministry.org）を担当しています。数多くの講演やセミナーを行っており，神学大学院や組織のコンサルタントとしても活躍しています。

エレイン・ブーマー（Elaine Boomer）

ワシントンD. C. エリアで個人開業している公認臨床ソーシャルワーカー。1989年から1991年にかけて，*Generation to Generation*の著者であるエドウィン・フリードマンの個人コーチングを受けたことが，家族システム論に触れるきっかけとなりました。

1994年にバージニア・コモンウェルス大学でソーシャルワークの修士号を取得した後，1996年にフリードマンが亡くなるまで彼のもとで学びました。現在は，"Leadership In Ministry Workshops"の講師を務めるほか，地域のさまざまな団体でシステム思考に関するセミナーやワークショップを開催しています。

ドン・レーガン（Don Reagan）

ボーエン家族システム論の創始者であるマレー・ボーエン博士が設立したワシントンD. C. のボーエン・センター（旧ジョージタウン・ファミリー・センター）で家族システム論を学びました。

現在は，ジョージ・ワシントン大学のプロジェクトマネージャーとして家族システムの知識を活かして組織構造やプロセスの変革をリードし，管理しています。

［監訳］

柴田　健（しばた・けん）

　秋田大学教育文化学部地域文化学科地域社会・心理実践講座教授。1963年，秋田県秋田市生まれ。同志社大学大学院文学研究科博士課程前期修了。法務省東京少年鑑別所法務技官，秋田県の児童相談所等の心理判定員，弘前大学教育学部准教授を経て，現職。

　「ゆるいソリューション・フォーカスト・アプローチ研究会（通称，ゆるソリ研）」を地元秋田で運営。本会は何回かの名称変更をしながらも細々と続けられ，開催回数は100回を超えている。現在は，大学臨床心理相談室の臨床相談員，スクールカウンセラー，児童養護施設や矯正機関のスーパーバイザー等で活動するかたわら，教育領域や児童福祉領域での対話実践の可能性を探り共同研究中。

　著書に，「不登校・ひきこもりに効くブリーフセラピー」（日本評論社），「実践『教育相談』：個人と集団を伸ばす最強のクラス作り」（川島書店）など（いずれも共著）。

［訳者］

大沼吹雪（おおぬま・ふぶき）

　秋田県横手市役所健康推進課主査。1974年，秋田県横手市生まれ。厚生労働省 子ども・子育て支援推進調査研究事業「児童虐待対応におけるアセスメントの在り方に関する調査研究」検討委員（2019年〜2021年）。横手市要保護児童対策地域協議会調整担当職員（2017年〜2023年）。児童福祉司等及び要保護児童対策調整機関調整担当者秋田県研修講師（2023年〜）。

家族理解のためのジェノグラム・ワークブック
──私と家族を知る最良のツールを学ぶ

2024 年 9 月 30 日　第 1 刷

著　　者　イスラエル・ガリンド，エレイン・ブーマー，ドン・レーガン
監訳者　柴田　健
訳　　者　大沼吹雪
発 行 人　山内俊介
発 行 所　遠見書房

株式会社　遠見書房
〒 181-0001 東京都三鷹市井の頭 2-28-16
TEL 0422-26-6711　FAX 050-3488-3894
tomi@tomishobo.com　　http://tomishobo.com
遠見書房の書店　https://tomishobo.stores.jp/

印刷・製本　太平印刷社

ISBN978-4-86616-207-2　C3011
©Tomishobo, Inc. 2024
Printed in Japan

※心と社会の学術出版　遠見書房の本※

遠見書房

臨床心理検査バッテリーの実際　改訂版
高橋依子・津川律子編著
乳幼児期から高齢期まで発達に沿った適切なテストバッテリーの考え方・組み方を多彩な事例を挙げて解説。質問紙，投映法など多種多様な心理検査を網羅しフィードバックの考え方と実際も詳述。好評につき大改訂。3,300円，A5並

学校で使えるアセスメント入門
スクールカウンセリング・特別支援に活かす臨床・支援のヒント
（聖学院大学教授）伊藤亜矢子編
ブックレット：子どもの心と学校臨床（5）児童生徒本人から学級，学校，家族，地域までさまざまな次元と方法で理解ができるアセスメントの知見と技術が満載の1冊。1,760円，A5並

事例検討会で学ぶ
ケース・フォーミュレーション
新たな心理支援の発展に向けて
（東京大学名誉教授）下山晴彦編
下山晴彦，林直樹，伊藤絵美，田中ひな子による自験例に，岡野憲一郎がコメンテーターの事例検討会。臨床の肝をじっくり解き明かす。3,080円，A5並

クラスで使える！　（DLデータつき）
アサーション授業プログラム
『ハッキリンで互いの気持ちをキャッチしよう』改訂版
竹田伸也・松尾理沙・大塚美菜子著
プレゼンソフト対応のダウンロードデータでだれでもアサーション・トレーニングが出来る！ 2,970円，A5並

公認心理師の基礎と実践　全23巻
野島一彦・繁桝算男監修
公認心理師養成カリキュラム23単位のコンセプトを醸成したテキスト・シリーズ。本邦心理学界の最高の研究者・実践家が執筆。①公認心理師の職責〜㉓関係行政論 まで心理職に必須の知識が身に着く。各2,200円〜3,080円，A5並

発達支援につながる臨床心理アセスメント
ロールシャッハ・テストと発達障害の理解
（中京大学教授）明翫光宜著
本書は，発達障害特性のあるクライエントを理解し，さらにその支援につなげるための心理アセスメント，発達検査，ロールシャッハ・テストについて詳しく解説し尽くした論文集。3,080円，A5並

マンガで学ぶセルフ・カウンセリング
まわせP循環！
東　豊著，見那ミノル画
思春期女子のたまひちゃんとその家族，そしてスクールカウンセラーのマンガと解説からできた本。悩み多き世代のための，こころの常備薬みたいに使ってください。1,540円，四六並

みんなの精神分析
その基礎理論と実践の方法を語る
（精神分析家）山﨑　篤著
19世紀の終わりに現れ，既存の人間観を大きく変えた精神分析はロックな存在。日本で一番ロックな精神分析的精神療法家が，精神分析のエッセンスを語った本が生まれました。2,420円，四六並

カウンセラー，元不登校の高校生たちと，フリースクールをつくる。
学校に居づらい子どもたちが元気に賑わう集団づくり　　　野中浩一著
学校に「いる」ことが難しかった高校生たちが，やがて集団の中で笑いあい，人と積極的に関わるように……試行錯誤と希望の15年の軌跡。1,870円，四六並

〈フリーアクセス〉〈特集＆連載〉心理学・心理療法・心理支援に携わる全ての人のための総合情報オンライン・マガジン「シンリンラボ」。https://shinrinlab.com/

価格は税込みです